か？

第3版

部落問題 一問一答

奥田 均 編著
Okuda Hitoshi

解放出版社

はじめに

「今でも部落差別はあるのですか」

「部落はいつごろ、なぜできたのですか」

など、本書は部落問題についてよく聞かれるさまざまな質問をまとめたものです。

一九九〇年に初版、二〇〇二年に第2版を発行して以来、多数の方に読まれてきましたが、その後、部落の実態や状況もさまざまに変化し、同和対策の特別措置法も二〇〇二年三月に期限切れを迎えました。

そうした変化と新たな事例や課題をあわせ、第2版をベースに大幅に書き直したものが今回の第3版です。紙数に制限があるために、すべてを述べることはできませんでしたが、差別について、部落解放について学習を深める手がかりになるよう作成しました。

部落差別をなくすことは、部落の人びとはいうまでもなく、日本社会すべての人びとの責任でもあり、幸福の実現でもあります。私たち一人ひとりの努力によって差別をなくしていくため、この本をより多くの人に届けていただければ、喜びにたえません。

奥田　均

二〇一三年八月

知っていますか？ 部落問題一問一答 第3版 目次

問1

部落問題とは何ですか？誰が差別されているのですか？

部落問題とは、部落出身者と見なされた人びとが今日もなお差別を受けているという、現代の社会問題です。封建時代の賤民《せんみん》身分制度は、いわゆる「解放令」（コラム④参照）によって廃止されました。これによって封建的身分制度は解体され、自由と平等という近代の原理が打ち立てられました。しかし近代の日本社会の仕組みや意識は、かつての被差別階層の人びとやその居住地を手がかりにして、差別を再生産したのです。それが今日の部落差別の始まりです（問8参照）。近代社会の建前としては、このような差別は許されません。その結果、部落差別は「解決されなければならない社会問題」として登場することとなりました。部落問題は、封建的な身分差別が単に今もなお残されているだけの問題ではなく、近代以降の日本社会にかかわる差別の問題なのです。

一九六五年に出された内閣同和対策審議会答申では、これを次のように説明しています。「いわゆる同和問題とは、日本社会の歴史的発展の過程において形成された身分階級構造に基づく差別により、日本国民の一部の集団が経済的・社会的・文化的に低位の状態におかれ、現代社会においても、なおいちじるしく基本的人権を侵害され、とくに、近代社会の原理として何人にも保障されている市民的権利と自由を完全に保障されていないという、もっとも深刻にして重大な社会問題である」。

ところで、差別には必ずそれに先立つ区別があります（問3参照）。ところが部落差別にはこの区別がないのです。部落差別の対象とされている部落出身者がほかと区別される身体的、文化的、社会的特徴はなく、実に特異な差別であるといえます。

ではいったい、どのような人びとが今日、部落差別の対象とされているのでしょうか。特定の職業に従事していることで差別の対象とされているというとらえ方や、部落の人びととは祖先をたどれば近世封建社会で被差別階層の人びとに血縁的につながる人たちだとの理解があります。しかし、職業が部落出身者かどうかの判断基準だとされているという考え方には無理があります。むしろ部落差別の結果、ある特定の職業従事者が差別的に見られているというほうが正確でしょう。また血縁的系譜論についても、身分が世襲され、しかも結婚が同じ身分の者同士を原則とした封建社会ならいざ知らず、近代以降の部落問題にあってそれはイメージ以上の意味をもつものではありません。実際、私たちは近世における自分の祖先の身分をたどることなどできませんし、仮にできたとしても、それが近世の単一の身分や階層からのみ成り立っている確率は皆無に等しいといえるでしょう。つまり、血縁的系譜で見れば私たちは皆、近世のさまざまな身分や階層の混ざり合った存在なのです。

また、今日部落に居住している住民も、当たり前のことですが決して固定的ではありません。二〇〇〇年に実施された大阪府の調査によれば、自然増減を無視すれば、一九九〇年からの一〇年間だけで同和地区からは人口の二六%もの住民が転出しており、また新たに九・四%の住民が転入してきていることがわかりました。大阪は人口移動の大きい町であることを考え合わせても、同和地区住民の流出入は全国的現象であるといえます。

ではいったい、部落差別を受けている「部落の人びと」とはどのような人びとなの

表1　同和地区出身者と判断している理由（複数回答可）

	回答者数	本人が現在、同和地区に住んでいる	本人が過去に同和地区に住んだことがある	本人の本籍地が同和地区にある	本人の出生地が同和地区である	父母あるいは祖父母が同和地区に住んでいる	父母あるいは祖父母の本籍地が同和地区にある	父母あるいは祖父母の出生地が同和地区である	職業によって判断している	その他	わからない	無回答・不明
大阪府（2010年）	874	41.4%	19.2%	31.8%	30.2%	25.1%	22.5%	22.1%	13.5%	2.1%	20.7%	12.2%
三重県伊賀市（2009年）	990	55.3%	23.7%	35.7%	35.2%	29.3%	21.9%	20.2%	5.1%	1.0%	22.9%	3.8%

でしょうか。**表1**は、「世間ではどのようなことで同和地区出身者と判断していると思いますか」という問いに対する二〇一〇年の大阪府と二〇〇九年の三重県伊賀市の市民意識調査の結果です。両調査の結果はともに、人びとの「同和地区出身者」にかかわる判断基準が実にあいまいで多様であることを示しています。

しかし注意深く結果を見ると、こうした異なる基準を貫く共通要素があることもわかります。それが「土地」です。本人・両親・祖父母といった対象者の違いや、現住所・本籍地・出生地といった「土地」の種類の異なりはあるものの、大きくは同和地区（被差別部落）とされてきた土地とのかかわりがあるかどうかで、その人が部落出身者であるのかどうかの判断がなされているのです。

そうだとすれば、私たちは誰でも「部落出身者になれる」ことになります。受け身で表現すれば、部落に住んだり、生まれたりさえすれば「部落出身者と見なされる」可能性に包まれているといえます。近世封建社会での属人的（血縁系譜的）な差別は、近代以降の部落差別の再編のなかで、属地的な差別として今日機能していることが明らかになってきました。

これまで多くの人は、部落や部落出身者を実体として固定的に考えてきましたが、実際の部落問題はこのように社会的な理解や関係によってつくられていることがわかります。

問 2

今でも部落差別はあるのですか?

部落問題に取り組むスタートラインは部落差別の現実にあります。ですからこの質問は古くからいわれ続けてきました。戦後の同和行政の画期をなした一九六五年の同和対策審議会答申では、「世間の一部の人々は、同和問題は過去の問題であって、今日の民主化、近代化が進んだわが国においてはもはや問題は存在しないと考えている。けれども、この問題の存在は、主観をこえた客観的事実に基づくものである」とわざわざ明記しています。特別対策事業の廃止を打ち出した一九九六年の国の地域改善対策協議会の意見具申においても、「同和問題は過去の問題ではない」と断言しています。改めてこの古くて新しい問題を考えてみましょう。

図1　部落差別の現実の5領域

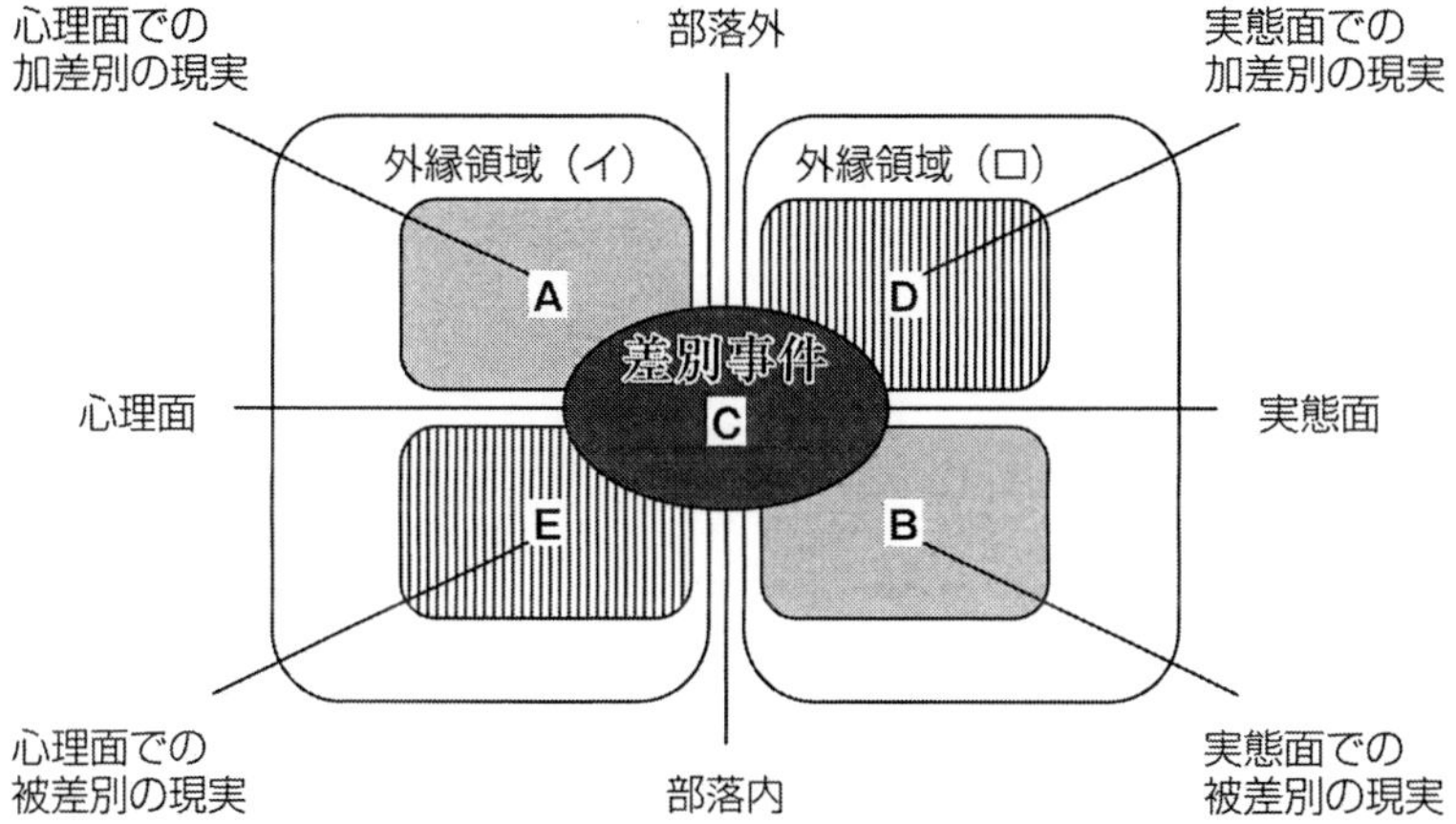

（奥田均作成）

考えるにあたっては、まずは差別の現実の有無を何に認めるのかという「差別のあらわれ方」に関する理解を共有しておきたいと思います。部落差別の現実は、従来、次の三つの領域からとらえられてきました。市民の差別意識（A）、部落の生活実態（B）、差別事件（C）です。しかし差別事件は氷山の一角であり、表面化しない市民の日常生活に広がっている部落差別の「加差別の現実」（D）があることや、差別は部落の人びとの心のなかに深い傷を生じさせているという心理面における被差別の現実（E）も部落差別の現実として受けとめなければならないことが理解されてきました。こうして今日では、五つの領域から

表2　住宅を選ぶ際の同和地区に対する忌避意識

	回答者数	避けると思う	どちらかといえば避けると思う	どちらかといえば避けないと思う	まったく気にしない	わからない	無回答・不明
同和地区の地域内である	903	30.5%	24.5%	11.6%	11.5%	12.8%	9.1%
小学校が同和地区と同じ区域になる	903	19.0%	23.9%	17.6%	17.7%	11.8%	9.9%

これをとらえることが提起されています。それを部落内外の別と、心理面・実態面の別で領域図として示したのが**図1**です。

それではそれぞれの領域について最近の調査などから差別の現実について検証してみることにします。まず市民の差別意識(A)です。二〇一〇年に実施された大阪府の人権意識調査によると、「結婚相手を考える際に、同和地区出身者かどうか気になる(なった)」人の割合は二〇・六%でした。「自分の子どもの結婚を考える場合」では、二一・二%でした。結婚において部落出身者を排除する意識がまだまだ根強いことを示しています。

また**表2**は、「家を購入したり、マンションを借りたりするなど、住宅を選ぶ際に、価格や立地の条件などが希望にあっていても、次のような条件の物件の場合避けることがあると思いますか」との質問に対する回答です。物件が同和地区内の場合、「避けると思う」と「どちらかといえば避けると思う」の合計

図2　住民税課税状況

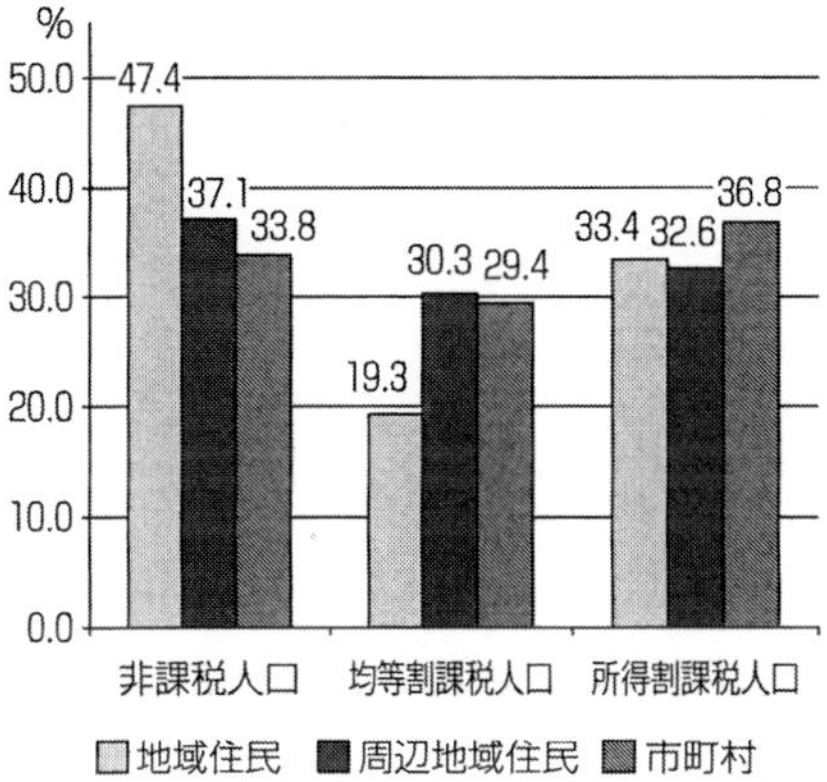

図3　生活保護受給世帯率

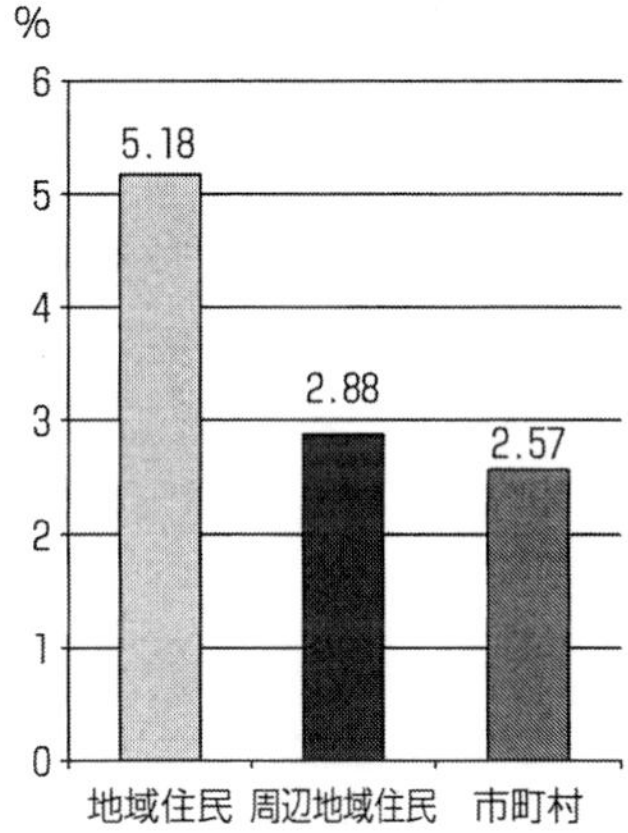

は五四・九％と過半数を超えています。同和地区と同じ小学校区の場合でさえ「避ける」とした人の合計は四三・〇％でした。同和地区に対する強い忌《き》避《ひ》意識が明らかになっています。

次に部落の生活実態（B）です。**図2**と**図3**は、厚生労働省の社会福祉推進事業を活用して二〇一二年度に実施された「今後の隣保館が取り組むべき地域福祉課題を明らかにする実態調査」の結果です。全国八八七館のうち八七三館が回答を寄せたこの調査は、一九九三年の総務庁調査以来の、全国の同和地区の実態を明らかにしたものでした。これによると、住民税の課税状況において、「地域住民」（同和地区住民）は、非課税人口が四七・

四%と高いなど低所得状況が浮き彫りになっています。そうした結果として、生活保護受給世帯率は当該市町村の約二倍と高く、生活実態における部落の低位性がなお厳しく存在していることがわかります。

次に差別事件(C)です。二〇一二年三月に開催された部落解放同盟第七〇回全国大会の議案書には、全国で多発する部落に関する土地問い合わせ事件や身元調査と密接に関連した戸籍・住民票等の不正取得事件、インターネット上での悪質な差別書き込みの問題など、差別事件が後を絶っていないことが報告されています。差別落書きや投書、電話も続発しています。

市民の日常生活に広がっている部落差別の「加差別の現実」(D)としては、不動産売買における部落問い合わせの実態を見ることにします。**図4**は、大阪府(二〇〇九年)、京都府(二〇一〇年)、香川県(二〇一〇年)、三重県(二〇一一年)における宅建業者に対する調査の結果で、宅建業者が市民や同業者から「取引物件が同和地区であるかどうかの問い合わせを受けた経験」を示しています。これによると、京都府の四四・〇%をトップに、いずれにおいても三分の一以上の業者がこうした質問を受けていることがわかります。四府県の調査対象業者数の合計は一万八三五八でしたので、

図４　同和地区の物件であるかどうかの問い合わせを受けた経験

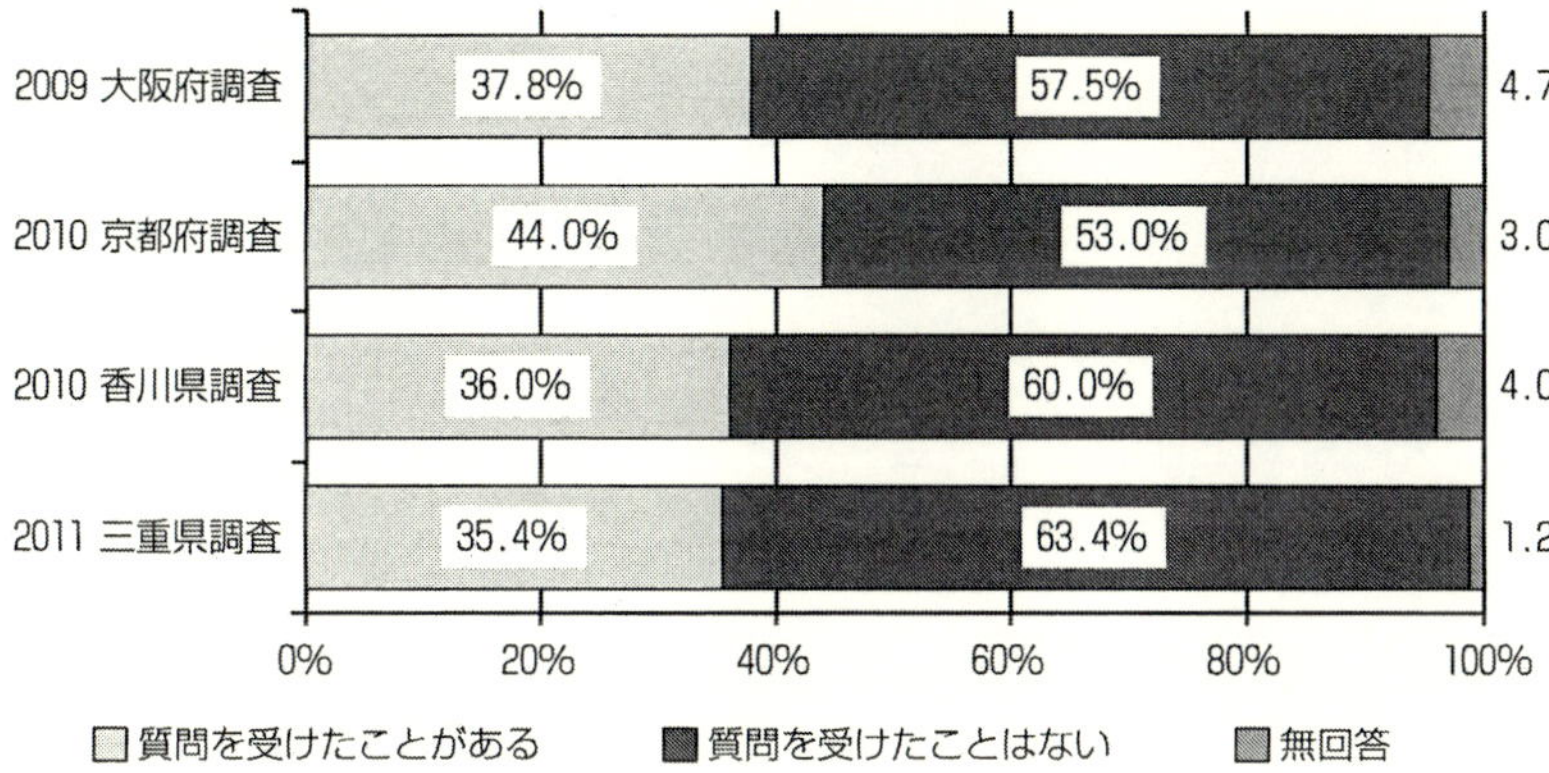

年に一回そうした差別調査の質問を受けたことがあるとしただけでも六〇〇〇件以上の差別事件が発生していることになります。市民の日常生活のなかに、まだまだ差別の実態がはびこっています。

最後に心理面における被差別の現実（E）です。**表3**は、二〇〇〇年に実施された大阪府による同和地区住民への意識調査のデータです。部落出身の側が、部落出身ではない相手に対して「結婚するにあたり、自分が住んでいるところは同和地区である、または、自分は同和地区出身者である、といったことを相手に告げましたか」という質問の結果です。そしてそれぞれの場合における結婚差別体験率を示しています。

「告知」行為は単なる事実の伝達ではありま

表3　「告知」「不告知」の理由と結婚差別の体験

	理　　　　由	回答者数	結婚差別を体験した人	被差別体験率
告知をした	自分のすべてを知ってもらいたかったから	257	67	26.1%
	後で問題になるよりは、先に言っておいた方がよいから	164	54	32.9%
	相手が同和問題を理解していたから	101	23	22.8%
	相手は何となく気付いていたから	97	32	33.0%
	合計	619	176	28.4%
告知しなかった	あえて問題にするほどの内容でもないから	276	23	8.3%
	関係がこわれるのがいやだったから	25	15	60.0%
	相手が同和問題を理解していたから	33	3	9.1%
	相手はすでに知っていたから	173	32	18.5%
	合計	507	73	14.4%

注）「告知」「不告知」理由における「その他」「無回答」を除く

せん。いずれの態度をとったにせよ、そこに深い逡巡《しゅんじゅん》があったことでしょう。さらに、「自分のすべてを知ってもらいたかったから」として告知に踏み切った人の二六・一％が差別を受けたとしています。「後で問題になるよりは、先に言っておいた方がよいから」と考え告知した人においても、三二・九％の人が差別を受けたと回答しています。「相手が同和問題を理解していたから」と信じた末の告知にあっても、二二・八％の人が差別を受けているのです。また「関係がこわれるのがいやだったから」との思いで告知しなかった場合においても、六〇・〇％の人が差別を経験しています。それぞれのケースにおいて、当事者はどんな思いで突きつけられた現実を受けとめたのでしょうか。当事

土地差別（コラム①参照）をなくそうと作成された三重県のステッカー

者の震える心が伝わってきます。見えない差別の現実が今も続いています。

すでに明らかなように、悲しい事実ですが、今でも部落差別はあるといわなければなりません。あわせて気をつけたいのは、こうした差別の現実は自動的に認識されるものではないということです。「差別の現実が存在する」ということと、「差別の現実を認識する」ということとは同じではないのです。「ある」と「認識する」が必ずしも一致しないことは自然現象の世界を考えるとよくわかります。たとえば、万有引力の法則は地球誕生のときから存在していましたが、人類がそれを認識したのはずっと後のことです。時には「現実」と「現実認識」とがずれてしまうことさえあります。「天動説」と「地動説」の確執はそのことを教えています。部落差別の現実という社会現象を考えるにあたっても、限られた個人的な経験や実感にのみ頼らず、調査などにもとづいた客観的・理性的認識が求められます。差別の現実をしっかりと受けとめようとする姿勢や差別の現実を把握するための取り組みが問われています。

とりわけ差別問題には、それが厳しければ厳しいほど表面化しないという力が働きます。差別の告発がみずからの社会的立場のカミングアウトを意味するからです。部落差別の最も厳しい課題である結婚差別問題が、実態はありながらもなかなか表面化しないのはそのためであり、差別の現実を差別の力がねじ伏せている状況が存在しています。差別の現実のこうした特徴を踏まえるとき調査の役割は大きく、現実認識を共有するための学習活動などの重要性はますます高まっています。

コラム ❶ 土地差別

歴史的・社会的経緯のなかで「被差別部落」「同和地区」あるいは単に「部落」と呼ばれる土地は、その売買において不当な取り扱いを受けています。それが土地差別です。差別とは本来、人間の人間に対する行為や価値観です。しかし部落問題の場合、その差別の対象とされる部落出身者はこうした土地との関係によって規定されている（見なされている）現実があることなどから、土地そのものが忌避《きひ》されている現実があります（問1参照）。

具体的には、不動産の売買において、当該物件が部落にかかわったものであるかどうかの問い合わせ、調査、教唆《きょうさ》がおこなわれるといった差別事件が全国各地で後を絶っていません。二〇〇七年に発覚した「土地差別調査事件」はその典型事例で、広告代理店やマンション建設会社から依頼を受けたリサーチ会社が、マンション建設予定地周辺の部落の所在について調べ上げ報告していたものです。この問題は国会でも大きく取り上げられました。また大阪府では二〇一一年一一月に興信所や探偵社のおこなう差別調査に関する規制条例（大阪府部落差別事象に係る調査等の規制等に関する条例。一九八五年制定）を改正し、土地に関する調査をおこなうすべての事業者における土地差別調査や報告行為も規制の対象に加えました。土地差別の実態は部落の土地価格にも影響を与え、同じような条件にある土地でも、そこが部落であるということから価格が一段低くなっている現実があります。土地を所有している部落の側から見れば、これは資産価値における差別であり、不動産を担保にした融資などにおいて不利な状況を強《し》いられています。土地差別は、部落問題解決の根本にかかわる重要課題といえるでしょう。

問 3

差別と区別はどう違うのですか？

区別とは、「違いによって分けること。また、その違い」（『広辞苑』）のことです。「赤と黒」は色の区別、「五〇kgと一〇〇kg」は重さの区別といった具合にです。人間も同じ人間はいません。身長や体重などの身体的区別や、人種、民族、国籍、宗教、言語、年齢、経済力、学歴など数え切れない区別をお互いに共有し、また他者との異なりを有しています。

差別とは、こうした区別に、「優等と劣等」「尊いものと卑しいもの」といったふうに、上下・優劣・尊卑《そんぴ》などの価値基準を与えることを意味します。またそれは、価値基準にとどまらず、社会的な待遇や個人的な関係において公正でない取り扱いや行為をすることをさします。たとえば「男と女」は性による区別ですが、「男は優秀であるが、女は劣っている」ととらえ、「だから大切な仕事は女性に任せられない」となれば、それは女性に対する明らかな差別です。公正ではない区別の取り扱い、それが差別だといえるでしょう。

ではどうして区別の問題が、差別の問題に転化されてしまうのでしょうか。

たとえば在日韓国・朝鮮人に対する差別を考えてみましょう。いうまでもなく韓国・朝鮮人というのは国籍や民族に関する区別です。ところがこれらの人びとは日本社会において、差別の対象とされている現実があります。その原因が国籍や民族にないことは明らかです。なぜなら、韓国・朝鮮人に対する社会的な差別があるのは日本だけだからです。たとえば、ドイツにおいて在ドイツ韓国・朝鮮人差別はありません。まさに、日本社会の歴史や現在のあり方がこの区別を差別に転化しているのです。

経済学者であり、また哲学者としても有名なマルクスが『賃労働と資本』という本のなかで、「黒人は黒人である。一定の諸関係のもとで、はじめて彼は奴隷《どれい》となる」と述べているのもまさに同じです。つまり、黒人だから奴隷になったのではなく、黒人という「人種」にかかわる区別の問題を「奴隷」という被差別の存在にしたのは、

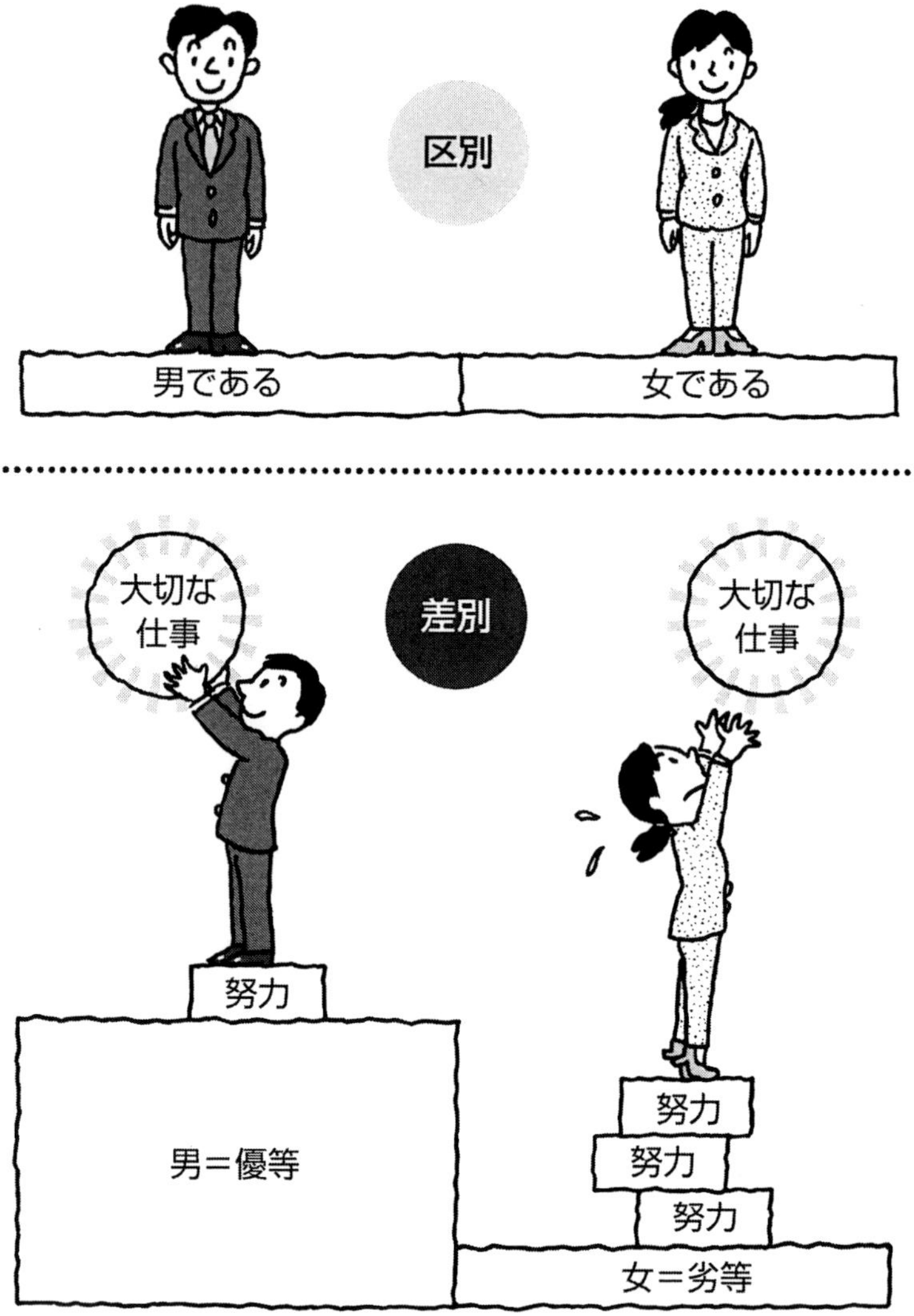

区別
男である
女である
差別
大切な
仕事
大切な
仕事
努力
男＝優等
努力
努力
努力
女＝劣等

その社会のあり方に原因があると指摘しているのです。

　生まれた所、育った所、現在住んでいる所、本籍をおいている所などは、出生地、生育地、現住地、本籍地などに関する区別の問題です。部落問題でいうならば、それが部落である場合に差別の対象とされてしまうのは、部落差別を許している社会がそこにあるからだということです。

　多くの差別は、長い間不公平とみなされず、単なる違いの問題であると受けとめられてきました。そうではないことを気づかせてくれたのが、差別されてきた当事者の抗議であり、訴えでした。差別の問題を考える第一歩は、被差別当事者の声を受けとめることだ、といわれるのはそのためです。そしてその差別はどのような区別を口実になされているのか、そうした区別がなぜ差別に転化されてきたのか、どんな意識がそれを支えているのか。一つひとつの差別の現実にひそむ歴史的・社会的な背景や、未解決なまま残されている現在の社会のあり方をじっくりと考えていくことが大切です。

問 4

私は差別などしないので、部落問題は関係ないと思うのですが……。

差別するつもりはないという人が多くいると思います。それは大切なことです。しかし、差別するつもりがなかったとしても、差別しないとはかぎりません。意図していなくても、結果として差別につながるおそれがあることを考える必要があります。

たとえば、私たちは日常の会話のなかで「どこに住んでるの？」とか「いなかはどこ？」とか「家族はどんな仕事をしているの？」などと尋ねることがあります。質問自体にはまったく悪気がないかもしれません。しかし、人によっては答えたくない場合があります。「それを答えれば、部落出身だとわかってしまうかもしれない」「差別されるかもしれないので、親の仕事は人に言いにくい」などと相手が感じる場合です。

これは、部落問題にかぎりません。そういう思いの相手から、あいまいな返事が返ってきたとき、「みずくさいなあ。はっきり答えろよ」などとあなたは感じ、そう言い返すかもしれません。けれども、そのようなやりとりが相手を追い込む可能性もあるのです。

とくに、採用や人事にかかわる場面で本人の能力・意欲・適性に直接関係のない質問をすることは、差別に通じるとして禁止されています。差別するつもりがなかったとしても、そういう質問をしてはならないのです。これは一つの例にすぎません。ほかにも、知らないうちに相手を追い込み、差別の意図があったと社会的に見なされる場合があります。

もちろんこのことは、「だから友だちに出身地や住所について尋ねてはいけない」などと言おうとするものではありません。そのような可能性があることを認識し、その質問が友人にとってはいやな思いを引き起こす可能性のある質問であることを知ったうえでやりとりすべきだということです。相手から意外な返事が返ってきたときには、誠実な関心を寄せて、その会話をいっそう大切にしていきたいものです。

また、差別について学んでいなければ、どんな言動が差別に当たるのかわかりませんから、ほかの人による差別的な言動を見過ごしてしまうおそれがあります。たとえば、あなたが友人を家に連れてきたとします。そのときに家族の誰かが、「あの人はどこに住んでいる人だい?」と聞いてきました。部落問題についてよく知らないあなたは、「○○に住んでいる人だよ」と答えます。尋ねた家族は、その答えを聞いて「あの人は部落の人だからつきあわないほうがよい」などと判断することになるかもしれません。あるいは、あなたの友人が「○○中学校はこわい」などと言ってきたとします。あなたは「ふうん、そうなのか」と同調してその話を聴いたとします。その実、その友人は、「○○中学校の校区には被差別部落があるから」という意味で言っている場合があります。それを見抜けないまま、あなたが同調すれば、その友人は、「部落の悪口を受け入れてもらえた」と感じるかもしれません。残念ながら、これらは現在でもよくある問題です。

さらに、あなたが仮に差別しなかったとしても、部落出身者にさまざまな不利益がかぶさっています。たとえば、就職差別などにより不安定な仕事を余儀なくされるとか、学力や進路が十分に保障されないといった事柄です。コラム②で述べているとおり、さまざまな生活指標においても被差別部落の人たちは不利な状態を強《し》いられています。このことは統計的に明らかになっていますが、その加害者を特定することはできません。たとえば結婚差別であれば、誰が差別したかが明瞭です。あるいは、差別落書きであれば、誰か書いた人がいなければ発生しません。ところが、職業・所得・学歴などに関連した生活の厳しさは、誰か特定の加害者がいなくても発生してしまうのです。社会の仕組みのなかに差別がすり込まれているといわざるをえません。

もしもそうだとすれば、仮にあなたが「差別しない」としても、部落出身者は不利益を被っていることになります。つまり、「差別しないから関係ない」と主張して何もしないことは、「差別によって部落出身者が不利益を被っていようと、私には関係がない」、いいかえれば、「部落出身者が差別によって不利益な状況にあっても、自分の知ったことではない」というメッセージにもなりかねないのです。

「私は差別などしないので、部落問題は関係ないと思います」と言っている人にそんなつもりがないであろうことは、容易に想像がつきます。しかし、もしも述べてきたような可能性があるなら、「関係がない」というのではなく、自分とのかかわりを考えてみることが求められているとはいえないでしょうか。

コラム❷ 差別の悪循環

部落差別は、結婚や就職のときだけにあらわれるのではありません。学校や職場、近所でのつきあいなど、生活のさまざまな場面で差別事件が起こっています。

また、差別の影響は生活全般にあらわれます。部落出身者は、就職差別の影響もあって、不安定な仕事に就く人が多くなったり、収入が相対的に低かったりしてきました。こうして差別の影響は家庭生活全般におよんできました。子育ても思うに任せない場合がありました。そうしたことが子どもの学力にも影響して、現在も相対的な低学力傾向が部落の子どもたちには見られます。これらについて部落解放運動と同和対策事業がある程度の力を発揮してきましたが、現在でも大学進学率の格差は大きく、部落の若者で大学に進学する人の比率は全国の三分の二程度にとどまっています。

また、差別は、心理的な面にも影響があります。部落出身者は、自分の将来展望を狭く感じることがあります。ときには、「なぜここに生んだのか」と親を恨んだり、「出身を明かせば離れていくのではないか」と友人や恋人を信頼しきれなかったり、ひいては親や友人を受け入れられない自分自身を肯定できなかったりしてきました。差別問題に取り組むとは、このような心理的な面に取り組むことでもあります。部落解放運動や同和教育運動は、問題は差別する側にあることを明らかにし、部落出身者を勇気づけて、この面でも大きな役割を果たしてきました。

部落外の人たちにも差別の悪影響は見られます。部落問題などの差別がなければ、自分の子どもが誰かを好き

図5　差別と全般的不利益の悪循環

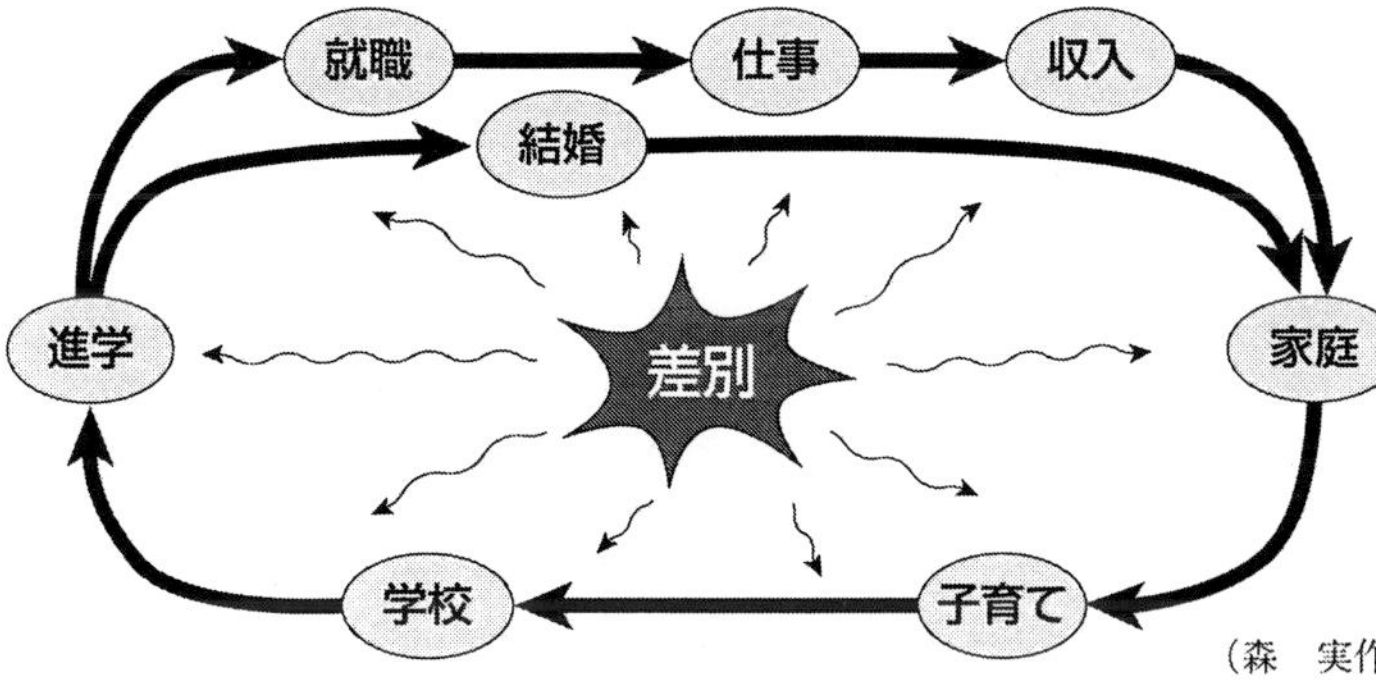

（森　実作成）

になり、「結婚したい人ができた」と言ってくれば素直に喜べるでしょう。いちいち相手が部落出身者かどうか確かめたり、部落出身者であったら子どもの気持ちを無視して反対したりする必要もありません。部落の人を好きになった本人も、誰かに反対されないかと悩まなくてよいのです。差別があることによって、さまざまな人が人間性の疎外にさらされています。

このようにして差別の悪影響が子どもの代にまで伝わっていくこと、そして悪影響が部落出身者だけでなく部落外の人も巻き込んでしまっていることをさして、《差別と全般的不利益の悪循環》（図5）と呼んでいます。そして、部落差別はこのサイクルすべての側面に影響をおよぼしています。

この悪循環を断つには、矢印のどこかをほころびさせればよいともいえます。同和対策事業や同和教育はそのために取り組まれ、少なからぬ成果を上げてきました。しかし、この悪循環の根を断ち、息の根を止めるにはまだ至っていません。

これらは、部落問題だけでなく、世界的な民族差別やカースト差別などにも広く見られるものです。差別をなくすためには、差別事件に取り組むだけでなく、これら社会にとっての全般的な不利益の悪循環に取り組む必要があります。

問5

若い世代には差別意識はなくなってきていると思うのですが……。

意識調査によると、高齢者よりも若い人のほうが部落差別をしない傾向が強くなっています。栃木県佐野市が二〇〇〇年一一月に実施した市民意識調査では、自分の子どもの結婚相手が同和地区出身であるとわかった場合、「子どもの意志を尊重する」とした人が二〇歳代で五五%、三〇歳代で六三%と、それ以上の世代における四〇%台を明らかに上まわっています。鳥取県が二〇〇〇年七月に実施した県民意識調査でも、子どもの結婚にかかわる身元調査を肯定した人は、四〇歳代以上が三〇%を超えているのに対して、三〇歳代が二五%、二〇歳代が二〇%と、はっきりと減少しています。

部落差別の起源を「人種や民族が違うから」と誤ってとらえている二〇歳代の人が、佐野市や鳥取県の調査でともになお一部残されているなど、正しい理解が完全に浸透しているわけではありませんが、伝統的な差別意識は若い世代にはかなり弱まってきています。

伝統的な差別意識として代表的なものは、ケガレ意識（コラム③参照）や貴賤《きせん》観念です。これらは、今の若い人たちには、なんのことかわからない人が多くなっていきます。このように非合理的な観念は、急速になくなっていっています。また、部落に対する嫌悪や敵意を含んだあからさまな偏見をもつ人も、若い世代には少なくなっています。

しかし、これらの調査結果は、「だから若い人たちに期待すれば、すぐにでも部落差別がなくなっていくのではないか」と楽観的に期待することを許すものではありません。現在の若い人たちの意識には、課題がうかがえるからです。差別を見抜き、差別からの解放を積極的に志向する態度がつくられてきているかというと、楽観できません。新しいかたちの差別意識ともいうべきものが生まれてきているともいえます。

身近な人から部落についての悪いうわさ話を聞くと受け入れる傾向が若い人たちの

間にもうかがえます。それは部落出身者との出会いなど、部落との直接的なかかわりをもつ人が少なく、本やビデオなどで一般的に「部落差別はいけない」ととらえているために、こうした話を批判的に受けとめる力が育っていないからです。

また、一見差別的でなくても、ある状況のもとでは部落を避けたり、排除してしまうことに結びつきやすい意識もあります。同調志向やみずからも差別されることへの恐怖、マジョリティ（多数派）であることへの安住です。これは、「いじめ」に同調してしまう意識とよく似ています。積極的に「いじめ」ようという意思はないが、「いじめ」を注意すれば自分もいじめられるのではないかというおそれから、同調してしまうことはよくあります。これと同じようなものが部落差別についてもみられます。

先の調査結果でも明らかなとおり、結婚差別については、今の若者の多数が「いけないことだ」と答えています。しかし一方で、「親や親類が反対すれば、反対を押し切ってまで、結婚する自信はない。皆から祝福される結婚をしたい」という人も少なくありません。不本意ながら親や周囲の意見に従ってしまうという人は、若い世代ほど多くなっているという調査結果もあります。これは、伝統的な差別意識による差別というよりは、同調志向による差別といえます。

また、結婚を断念する理由に、「自分の子どもが差別されるようになるのは耐えられない」というものがあります。被差別の立場にはなりたくないという自己防衛意識からです。このような意識には、部落に対する敵意は必ずしもみられません。むしろ、自分の子どもに対する愛情と、「部落の人が差別を受けるのはかわいそうだ」という同情的な見方を含んでいます。部落に対する敵意ではなく同情が、結婚差別の再生産を生みだしているのです。さらに、なんらかのストレスや被虐待体験から、マイノリティに対して強い攻撃性をもつ若い人の存在も指摘されています。そのような人と同調志向の人が結びつくと差別行為があらわれるおそれもあります。

最近の若者は、差別はいけないという一般的な知識はもつようになりましたが、現状を変えようとか、積極的に差別をなくしていこうという姿勢には弱いところがあります。自分が差別意識をもっているかどうかを思いわずらうより、偏見や間違ったうわさ話に対して自分自身で批判的に対処する力を身につけることが大切です。

コラム③

ケガレと部落差別

牛馬の解体は、七〜八世紀ごろの古代社会では、神に捧げる〝聖なる儀式〟でした。ところが平安時代の貴族は、これを〝ケガレ〟と見なしました。狩猟《しゅりょう》から農耕への社会の変化が、その背景にあるようです。

〝ケガレ〟意識は、鎌倉時代になると、武士の館に住みついた貴族や各地の神社・寺を通じて、民衆の間にも広がっていきますが、時代とともに変質していきます。鎌倉・室町時代の〝ケガレ〟は〝不可思議な力〟とされており、地震や日食・月食といった自然現象も、〝ケガレ〟が起こすと考えられていました。職人のなかには、高度な化学変化を駆使した技術をもった人びとも登場してきます。こうした技術も〝ケガレ〟と見なされました。たとえば鍛冶《かじ》は、高い温度をつくって硬い鉄を溶かし、農機具などを修繕してくれます。しかし農民たちは、鍛冶が村の境界に入ることをいやがり、村はずれに小屋を建てて、そこまでこわれた農具を運んでいました。鍛冶が村のなかに入ってくると、作物が育たなくなると信じられていたのです。

皮革のなめしも、バクテリアの作用と塩分・ナタネ油による化学変化を応用しています。こうした技術も〝ケガレ〟と見なされたのでしょう。差別は、こうした技術に対する〝無知〟が起こしたものといえます。

江戸時代のはじめ、皮革の仕事に従事しない「かわた」が、なお差別を受けることになったのも、「かわた」の名と〝皮〟につきまとう〝ケガレ〟の意識が残され、これが、江戸時代の「かわた村」に対する差別へとつながっていった一つの背景と考えられます。

問6 身元調査をしてはいけないのでしょうか？

ここでいう身元調査とは、本人に関する情報を本人の知らないところで、みずから調べたり、興信所や探偵社といった調査業者に依頼し調査すること、あるいは知人などに「聞き合わせ」を依頼することなどをさします。こうした身元調査はいまだ後を絶ちません。

会社が人を採用する際や、結婚にあたって、相手のことをよく知っておきたいと思う気持ちは自然なことでしょう。しかし、だからといって「身元調査は許されてもよい」のでしょうか。就職の場合、仕事と関係があるのは能力や意欲、適性だけで、それ以外は無関係のはずです。結婚なら、身元調査などしなくても信頼関係を深めながらお互いによりよく知りあえるはずです。

二〇一一年一一月、愛知県警幹部の戸籍が不正に取得されるという事件が起こりました。事件をきっかけに全国から依頼を受け、戸籍や住民票などの個人情報を不正取得して売買している「情報屋」の存在が明らかになりました。裁判のなかで二〇〇六年以降の約五年間で三万件以上の戸籍や住民票の不正取得をおこなっており、その大半が結婚調査だったと証言しています。また「情報屋」は信用情報や職歴情報、携帯電話契約情報や車検情報などの個人情報も不正に取得し売買していました。二〇一〇年の大阪府の調査でも結婚の際に興信所や探偵業者を使って身元調査することは問題ないと考える府民が三人に一人にのぼり、結婚にあたって「国籍」(二五%)、「障害」(一二%)、「宗教」(二八%)、「同和地区出身か否か」(二一%)などが気になると答える府民がいることが明らかになっています。

身元調査は二つの意味で、相手に対する重大な人権の侵害につながります。

第一は、相手のプライバシーの権利を侵す行為であるということです。今日的なプライバシーの権利とは、自分に関する情報は自分でコントロールすることができるという権利のことです。もし自分が、そんなふうに勝手に調べられていたらどんな気持ちになるでしょうか。

ある町での小地域懇談会で、次のような意見が出されました。

「結婚して何年もたってから、夫の母親から結婚のとき私に関して『聞き合わせ』

戸籍情報2万件超取得

名地検 情報屋ら8人起訴

「情報屋」らによる戸籍情報不正取得の流れ

全国の自治体
戸籍情報 ⟷ 2万件超
O（行政書士）
8000～1万円 ⟷
B
1万2500円 ⟷
A など情報屋
2万3000円 ⟷
全国の探偵業者
数万円？ ⟷
依頼者

愛知県の「情報屋」や東京の行政書士らが住民票などを不正取得していた個人情報漏えい事件で、戸籍法違反容疑などで逮捕された元行政書士 O 容疑者(七七)が、今年七月までの七年半で二万件以上の戸籍情報を取得し、転売して一億五千万円以上を売り上げていた。名古屋地検幹部が明らかにした。地検は十八日、同法違反などの罪で O 容疑者ら八人を起訴した。

起訴内容によると、O 被告や「情報屋」の共同経営者、S 被告(三八)と H 被告(三七)ら八人は昨年八月、職務上請求書に虚偽の申請目的を記載し、愛知県蒲郡市の男性会社員＝当時(三七)＝ら二人の住民票などを取得したとされる。O 被告は請求書を東京の印刷会社に偽造させた有印私文書偽造・同行使の罪でも起訴された。

地検や愛知県警によると、O 被告は二十年前から不正取得を続け、二〇〇四年末から前橋市の調査会社「 B 」の O 被告(五二)との取引を始めた。一件当たり八千～一万円で依頼を受け、行政書士 T 被告(四二)の名義を借りて請求していた。

戸籍情報は、B から一件当たり一万二千五百円でS、H 両被告が経営する情報屋「 A 」（名古屋市中区）などに買い取られ、全国の探偵業者に二万三千円で転売されていた。A は戸籍情報や携帯電話、車両の所有者情報などあらゆる個人情報を売買し、今年六月までの五年半で十二億七千万円を売り上げていた。

県警は、別の戸籍情報を不正取得した戸籍法違反などの容疑で、十九日にも O 被告ら四人を再逮捕する。

「中日新聞」2012年10月19日

をしたということを聞かされました。自分は信頼されておらず、自分を裸にされたようで許せない気持ちでいっぱいになりました。人間が信じられなくなりました」

信頼関係をはぐくみ、自分のことを安心して出しあえるつながりを育てて、お互いから聞きあえていれば、こんな思いはいだかずにすんだことでしょう。人に知られたくない、人に知らせる必要がないと本人が考えていることは、他者に知らせる必要がありません。自分に関する情報を自分でコントロールできる権利はプライバシーの権利として認められています。本人の知らないところで、こうした個人情報をこっそり調べること自体、「プライバシーの侵害」という人権侵害なのです。

第二は、実際に何が調査され、それがどう活用されているのかという点です。ある調査業者はこの点について、「生育歴、学歴、学業成績、人物評価、性格、趣味、素行、飲酒、ギャンブル、交遊状況、異性関係、婚姻歴、資産、収入、貯金、家庭環境、家柄、健康状態、遺伝病、死亡者とその原因……など」として、本人のみならず、「本人の家族、祖父母、両親の兄弟・姉妹も調査対象とされる」と語っています。

調査して知るということは、単に情報を入手するということにとどまりません。入手された情報に対する判断が働き、そこに偏見や差別意識が入り込みます。たとえば

「資産」や「家庭環境」「家柄」などの結果は、どう評価されるのでしょうか。

相手のことで知りたいことがあれば、本人に直接たずねたり、本人にそのことを証明してもらえばすむことです。それができないような内容を調べるということ自体、そこにはすでに、相手を傷つけることにつながる差別的な意識が働いているといえるのではないでしょうか。そしてそんな情報で、本当に相手のことがわかるのでしょうか。また、そのことで相手のことを判断していいのでしょうか。

自分の意欲や人柄が試されることなく、こうした調査で不採用になった人の無念や、結婚での差別を考えるとき、身元調査は決して許される行為ではありません。

「身元調査お断り運動」などの名前で、身元調査をやめようという市民の取り組みは広がりを見せています。興信所や探偵社などの業界でも、差別につながる調査を自主規制する動きがはじまっています。また地方自治体でも、「大阪府部落差別事象に係る調査等の規制等に関する条例」など、差別調査を規制する条例が制定されてきました（コラム①参照）。市民一人ひとりの取り組みでこうした行為をなくしていくことが、差別の撤廃のみならず、すべての市民の人権を守ることにつながっていくのです。

問 7

部落はいつごろ、なぜできたのですか？

現在の被差別部落につながる被差別民の身分は、中世の社会的差別を前提として、一六世紀末の豊臣時代から、一七世紀前半の江戸時代の初めにかけて成立したとされています。そして、一七世紀のなかごろから幕藩体制の確立とともに、法的・制度的にこうした身分が固定されました。この賤民身分の人びとが居住していた地域が、今日の被差別部落の一番古い形態です。

ではなぜ、この時期に部落がつくられたのでしょうか。

江戸時代の部落は、一般的には「かわた」（皮多・革多・革田などと記されます）と呼ばれていました。歴史教科書では「えた」という言葉が多く使われているのですが、この言葉は差別的意味合いが強く、当時から当事者たちが拒否していました。ここでは、本人たちも認めていた「かわた」という言葉を中心に使います。

この「かわた」という呼称は戦国時代に登場します。戦国大名は、戦国の世を勝ち抜くために、多くの職人を求めていました。城を築くための石工《いしく》や大工、刀や鉄砲をつくる鍛冶《かじ》、武具を作る皮革職人などは、とくに優遇されたようです。このうちの皮革職人や、原料の皮革を集める商人を「かわた」と呼んでいました。

「かわた」という言葉が初めて登場するのは、一四三〇年一一月の土佐国の記録にある「かわた四郎」ですが、この史料では名字の可能性もあって、なお検討の余地があるとされています。皮革との関連がはっきりする「かわた」は、一五二六年六月、戦国大名の一人である今川氏の朱印状に登場する「かわた彦八」です。彦八は、今川氏親《うじちか》の命を受け、領内の各地から皮革を集める仕事を担っていました。しかし、「かわた」や「かわた村」が頻繁に登場するようになるのは、戦国時代の末期にあたる天正年間（一五七三〜九二年）以降です。

一五四三年、ポルトガルから鉄砲が伝えられると、戦国大名たちは、競って鉄砲を手に入れようとしました。これで、戦争のやり方が変わります。武将たちが直接ぶつかる個人戦から、鉄砲隊を中心とする団体戦となり、何万という軍勢が編成されます。そして、彼らがみんな、皮革を使ったよろいを身に着けることになるのです。そのため戦国大名は、皮革を集めることにやっきになりました。腕の良い皮革職人は優遇され、土地を与えられたり、税を免除されたりしました。かつて神社や寺院に隷属していた「かわた」も使われましたが、それだけではまかないきれません。そこで、それぞれの農村から腕の良い職人が選ばれ、彼らを中心に村ぐるみで皮の仕事をする村があらわれ、どんどん増えていきました。これが「かわた村」です。

長く続いた戦国時代も終わりがきました。一六一五年、大坂夏の陣で徳川氏が豊臣氏を滅ぼし、全国の大名を従えることになったのです。このころから、皮の仕事が減ってきます。徳川氏も各地の大名も、戦争の準備をする必要がなくなったからです。「かわた村」では、皮の仕事をする人が少なくなり、農業やその他の手工業生産へ移っていきます。こうして江戸時代には、皮革の仕事をしない「かわた村」が、全国的に増えていきました。

この「かわた村」が、部落の〝核〟となっていきます。江戸時代には、こうした地域に罪人の逮捕や刑罰の下働き（番人や刑場の設営など）を命ずるなど、農民や町人らと反目《はんもく》させるようにしました。また、差別を固定させるために、服装を制限するなどの徹底した身分政策によって、部落に対する差別意識を強化させていったのです。

明治になってこのような差別が再編されていくことになります（問8参照）。

問8　明治に入って身分制度が廃止されたのに、なぜ部落差別は残ったのですか？

一八七一（明治四）年、華族・士族・平民の間の結婚が認められて、四民平等となり、江戸時代の身分制度はくずれました。その同じ年の八月に、明治政府は「今後、えた・ひにん等の称号を廃し、身分・職業とも平民同様にすべし」という、いわゆる「解放令」（コラム④参照）を出します。これにより近世の賤民身分制度に終止符が打たれました。大きな歴史の前進です。

しかし、それは差別問題の解決を意味するものではありませんでした。明治という近代日本の社会が、今日の部落差別の現実につながる部落問題をつくりだしていったのです。その意味で、差別は「残された」というよりは、新たに「再生産された」といったほうが正確でしょう。

その一つの側面は、部落における貧困の実態がつくられたことです。「身分職業とも平民同様」とした「解放令」は、それまでの部落の仕事であり、大きな利益をあげてきた皮革産業に、部落外からの参入を許しました。これによって部落の皮革産業は大きな打撃を受けます。

たとえば、浅草には弾左衛門《だんざえもん》という頭《かしら》がいましたが、最後の弾左衛門は進取の気性に富んだ人物で、「西洋靴」の製造に早くから着手していました。一八七一年二月には、アメリカ人の靴職人チァルレス・ヘニンゲルを招請《しょうせい》し、技術指導を受けています。同年八月、弾は、西洋靴用の皮なめしを完成させ、西洋靴の生産を開始します。その矢先に「解放令」が出ました。これ以降、全国各地で皮革工場

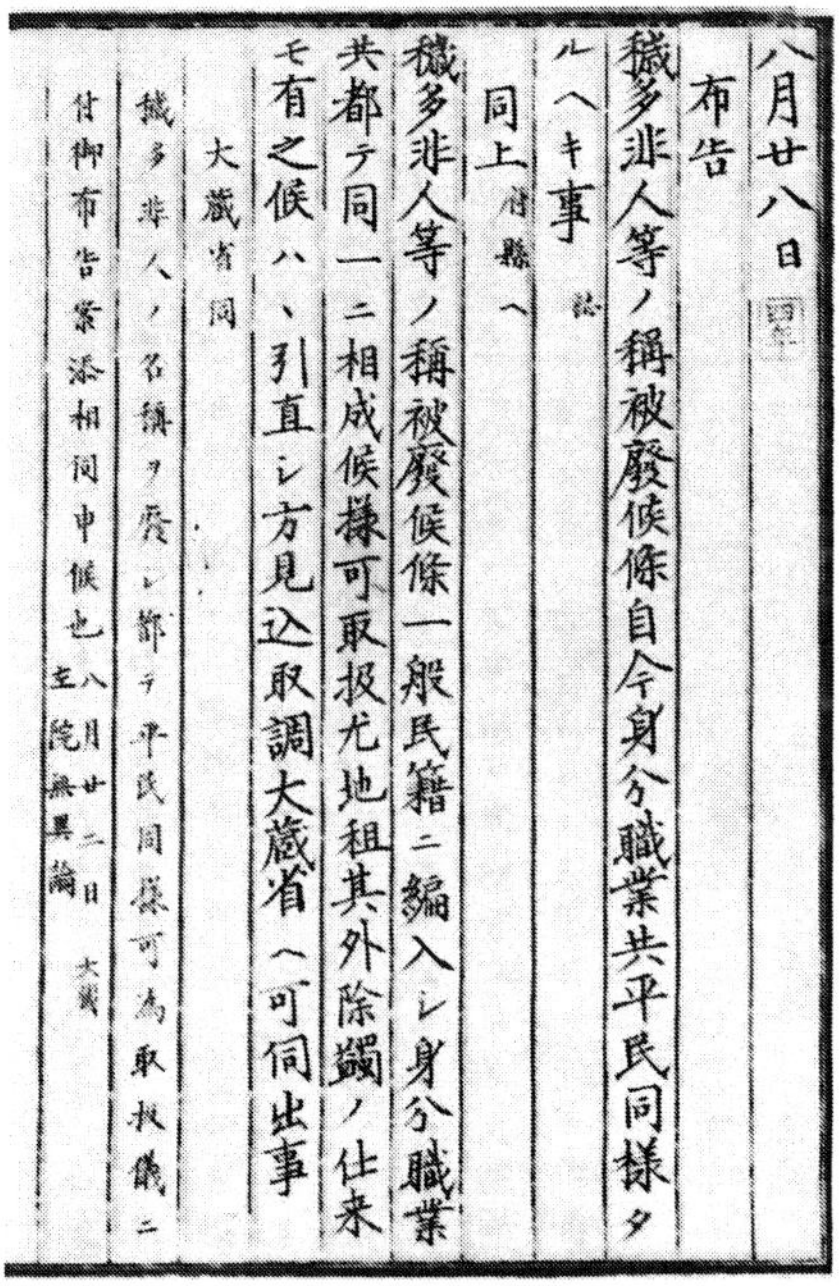
八月廿八日

布告

穢多非人等ノ称被廃候条自今身分職業共平民同様タルヘキ事

同上 府県へ

穢多非人等ノ称被廃候条一般民籍ニ編入シ身分職業共都テ同一ニ相成候様可取扱尤地租其外除蠲ノ仕来モ有之候ハヽ引直シ方見込取調大蔵省ヘ可伺出事

大蔵省伺

穢多非人ノ名称ヲ廃シ都テ平民同様可為取扱儀ニ付御布告案添相伺申候也 八月廿二日 大蔵

「解放令」(『写真記録 全国水平社七十年史』より)

が建設され、その多くが、弾の工場よりも大規模なものでした。弾の工場は、こうした皮革工場との競争に敗れ、一八七四年、ついに倒産してしまいました。中心地から経済的な落ち込みがはじまったのです。

これに拍車をかけたのが、一八八〇年代の松方デフレでした。松方デフレとは、当時の大蔵卿《おおくらきょう》松方正義による重税策で、大きな社会変動をひき起こしました。土地を奪われた三六万七七〇〇人もの農民は、多くは小作人となりましたが、なかには都会へ出て、スラムに住みつく人びとも少なくありませんでした。

部落の商店や工場も、多くがこの時期に倒産しています。生活基盤がひじょうに弱い部落にとって松方デフレの影響は深刻でした。この一八八〇年代から、部落は、経済的にも社会的にも、〝貧困〟という新たな差別の実態を背負うことになるのです。

一方、封建的枠組みを打倒した近代社会は、それまでの封建的価値観に代わる進歩的な新しい考え方を次つぎと打ち出していきます。たとえば「知識」や「富」「健康」を重視する価値観です。これらはいずれも、近代国家の建設を支える産業や軍隊の育成と深くかかわったものですが、その獲得へのチャンスは、広く市民に平等に与えられているものとして登場しました。

しかしチャンスは必ずしも平等に与えられてはいなかったのです。そしてこれらの価値観の対極にある「無学」「貧困」「不衛生」が、社会的に否定されるべき存在として人びとに受けとめられていきました。部落は、前近代の差別のまなざしに加えて、貧困や排除や忌避という新たな差別の視線を受けはじめていくのです。ひろたまさきさんは『差別の視線』（吉川弘文館）において、近代の「人間平等」観念の光が、あらたな社会的差別という影の部分を生みだしていく構造をこのような視点から指摘し、「差別は、『近代』によって再編成されるというか、あらたな原理によって生み出されるのであって、封建性あるいは封建遺制に回収すべきではない」と述べています。

さらに、日本では近代社会の成立過程において、人権意識が十分根づかなかったことも、差別の再生産を許す要因としてあげられます。事実、自由民権運動においても部落問題は大きな課題とはなりませんでした。

こうしたなかで、近世の「かわた」身分に対する差別は、近代における部落差別として再生産されていったのです。

コラム④ 「解放令」

明治政府が出す太政官《だじょうかん》布告《ふこく》のなかで、一八七一年八月二八日の布告が、のちにいわゆる「解放令」、あるいは「賤民廃止令」と呼ばれるものです。そこでは「今後、えた・ひにん等の称号を廃し、身分・職業とも平民同様にすべし」とされ、近世の賤民身分制度の廃止が決定されるという大きな歴史的意味をもつものでした。

しかしこの「解放令」には後段があります。そこには、「えた・ひにんなどの名称が廃止されたので、平民の籍に編入して、身分・職業ともすべて同じになるよう、取り扱うべきである。もっとも、地租《ちそ》その他の負担を免除してきた慣習があれば、それを改めるための再調査をして、大蔵省へ提出しなさい」と書かれています。つまり、当時の権力者のねらいは、この後段の部分にある地租改正の実施にあったのではないかと指摘されています。

部落のなかには、町奉行の命《めい》を受けて、その下働きを引き受けている地域が一部あり、その義務に対し、税を免除される場合がありました。えた・ひにん等の戸籍簿も、ほかの平民と別帳になっている場合がありました。これらを統一するとともに、一律に税を課そうとした政策が、実は「解放令」だったのです。

とはいえ、この「解放令」はのちの部落解放運動にとっても、大きな役割を果たします。たとえば一九三三年の高松結婚差別裁判闘争では、「差別判決を取り消して人民の権利を認めよ! しからずば解放令を取り消して義務を免除せよ!」のスローガンが叫ばれています。部落問題を考えるうえで、「解放令」のもつ意味はきわめて大きいといえます。

問9

戦後、民主主義の国に変わったといわれるのに、なぜ今でも差別はあるのですか？

一九四七年五月に施行された日本国憲法は、国民主権・平和主義・基本的人権の尊重という三つの原則をうたっています。とりわけ基本的人権の尊重は、部落問題の解決に明確な法的根拠を与え、部落の人びとにとって大きな希望となりました。

しかし、いかに民主的な憲法ができても、部落差別の実態をしっかり見すえ、その改善のための施策《しさく》が講じられなければ、部落の解放を実現することはできません。戦後のさまざまな民主化も、それだけでは、部落差別をなくすものとはなりませんでした。働く者の権利を守るために制定された労働基本権も、失業・半失業の状態におかれていた多くの部落の人びとには、その権利を行使するチャンスさえ与えられなかったのです。また教育制度も整備されていきますが、部落の貧困は、不就学や長期欠席せざるをえない子どもたちをつくりだしました。いわば戦後の民主化は部落の上を素通りしていったのです。戦後の経済復興や朝鮮戦争による特需ブームからも、部落は置き去りにされました。

こうしたなかで部落は、安価で不安定な労働者群を形成し、下請け・孫請けの零細《れいさい》事業所から抜け出せないまま、日本経済の再建を下から支える一翼《いちよく》を担わされました。「文明社会の悲惨」と過酷な表現で語られる部落の実態が、日本国憲法のもとで放置されつづけました。

戦前からの差別意識もまた、これに対する取り組みがないかぎり、新憲法が制定されても自動的に解消するものではありませんでした。むしろ、変化から取り残されるかたちで浮かび上がってくる部落の厳しい生活実態は、差別意識を助長したといえます。

しかし部落の人びとは、こうした状況を黙って見ていたのではありません。部落解放運動は、敗戦直後から再建の準備を進め、大衆運動と戦後の歩みを力強く開始していきます。

国策を求める請願行進（1961年、京都。『写真記録　全国水平社七十年史』より）

解放運動は、差別事件や差別意識とともに、部落の劣悪な生活実態そのものも部落差別の現実であるととらえました。そしてこれを放置しつづけてきたのは行政による差別であることを訴えました。差別行政糾弾闘争《さべつぎょうせいきゅうだんとうそう》と呼ばれるこの取り組みは、部落問題を解決するための国策を求める運動へと発展し、一九五八年には、教職員や地方自治体の代表者らとともに部落解放国策樹立要請全国代表者会議を東京で開催するに至ります。

ついに政府は、一九六〇年に

同和対策審議会設置法を制定し、国策樹立を求めた請願行進《せいがんこうしん》や約六〇万人にのぼる請願署名を受けるなかで、一九六五年にその答申をまとめました。これが内閣同和対策審議会答申（「同対審」答申）です。

答申は部落差別の現実を認め、「その早急な解決こそ国の責務であり、同時に国民的課題である」とするとともに、「差別の長き歴史の終止符が一日もすみやかに実現されるよう万全の処置を」と提起しました。その一つの具体化が、一九六九年に制定された同和対策事業特別措置法です。戦後同和行政の本格的な始まりでした。ここにようやく、戦後の民主的改革の光が、部落問題に当てられたといえるでしょう。

たとえ民主的な憲法が制定されても、人権尊重の社会の仕組みとその精神を根づかせる具体的な取り組みがなければ、本当の民主社会は実現しないということを、戦後の部落問題は教えています。部落問題の解決を求めた取り組みは、現在もなお、それを積み重ねつづけています。

コラム⑤ 部落解放同盟

部落解放同盟は、部落差別からの完全解放をめざし、人権が確立された民主社会の建設を目的とした団体で、綱領（二〇一一年に新綱領になった）・規約を承認する部落住民・部落出身者によって構成されている大衆組織です。

前身は、一九二二年に結成された全国水平社《ぜんこくすいへいしゃ》で、戦後の一九四六年に部落解放全国委員会として再建され、一九五五年に現在の部落解放同盟へと改称されました。日本の社会運動のなかでも、最も歴史のある団体の一つで、「人の世に熱あれ、人間に光あれ」とうたわれた「全国水平社創立宣言」（水平社宣言）は、日本で最初の人権宣言と評されています。

部落大衆にとって、運動団体に加入することはみずからが部落出身であることを告げることでもあり、厳しい差別がとりまく状況での組織化は困難をきわめ、水平社の時代は、活動家組織的色彩をおびざるをえませんでした。しかし、部落解放同盟は、差別事件に対する糾弾《きゅうだん》闘争と、市民的権利の保障を求めた生活擁護の活動によって、部落大衆の信頼を勝ちとり、大衆的な全国組織に成長しています。

現在では、日本における反差別・人権運動の中心的存在であると同時に、国際的な人権擁護の取り組みにおいても、大きな役割を果たしています。

部落解放同盟中央本部
〒104-0042　東京都中央区入船1-7-1　電話03-6280-3360　ホームページ http://www.bll.gr.jp/

問10

学校で教えたりせずに、そっとしておけば自然になくなると思いますが……。

これは「寝た子を起こすな論」と呼ばれる主張で、「生まれたばかりの赤ちゃんは世の中に部落差別があることなど知っているはずはないし、当然、差別意識などもない。だから、知らないまま大きくなっていけばいいのである。やがて部落差別を知らない人ばかりになっていけば自然とこの問題は解決していく。だから、寝た子を起こすような部落問題学習や人権啓発はおこなわないほうがよい。そんな取り組みをすることがかえって差別を残すことになる」というものです。

「実は自分もそう思っていたのです。同和教育などの取り組み、あれは逆効果ではないのでしょうか」とお感じの方も多いのではないでしょうか。大阪府が二〇一〇年に実施した「人権問題に関する府民意識調査」では、「この考え方が同和問題を解決するのに効果的である」とした人は「非常に効果的」と「やや効果的」を合わせて三四・八％に達しています。二〇〇四年に実施された三重県の県民意識調査でも三三・二％の人がこの意見を肯定しており、こうした考え方が広く市民の間で支持されていることがわかります。

しかも多くの場合、それは「部落問題を解決しよう」という善意に支えられて主張されています。しかしこの考え方は間違っているといわざるをえません。ここでは二つの点からこの考え方の誤りを指摘しておきます。

第一は、この考え方が歴史的事実に反している点です。江戸時代の賤民身分制度の廃止をうたった「解放令」により、「差別の制度」はなくなりました。明治に入ってからは、もちろん同和教育や同和行政もなく、目的意識的に差別の解消をめざした社会の営みもありませんでした。まさに部落問題はそっと静かに放置されたのです。しかしそのことで差別の現実が解消に向かったのかといえばむしろ逆で、部落に対する差別はますます厳しさを増したのです。「解放令」から五一年を経た一九二二年、ついに部落の人びとがみずからの立場を社会にさらけ出してでも立ち上がり、全国水平社を結成して解放運動を開始した背景には、「何もせず放っておくだけでは部落問題は解決しない」という歴史的事実があったのです。戦後の民主社会においても部落問題解決にむけた本格的な取り組みは開始されませんでした。その後、一九六五年に出された同和対策審議会答申によってようやく目的意識的な教育や啓発活動が広がり、「寝た子を起こすな論」は実践的に克服されはじめたのです。

第二は、この考え方は「机上《きじょう》の空論」である点です。各地の意識調査によっても、市民の八~九割は部落差別の存在を知っています。社会に現に部落差別が存在している以上、私たち全員がそうした情報をシャットアウトして暮らしていくことは不可能です。

図6は大阪府が二〇〇五年に実施した「人権問題に関する府民意識調査」の結果で、部落問題を初めて知った経路を質問しています。最も多かったのは「学校の授業」の二三・三%ですが、注目したいのはその経路の多様性です。当たり前のことですが、私たちの知識や認識は学校教育や市役所の広報などによってのみ成り立っているわけではありません。家族や職場、近所の人やテレビなど、さまざまな社会生活を通じて情報が蓄積されます。調査結果は、部落問題に関する情報においてもそれは同じであ

図6　部落問題を初めて知った経路

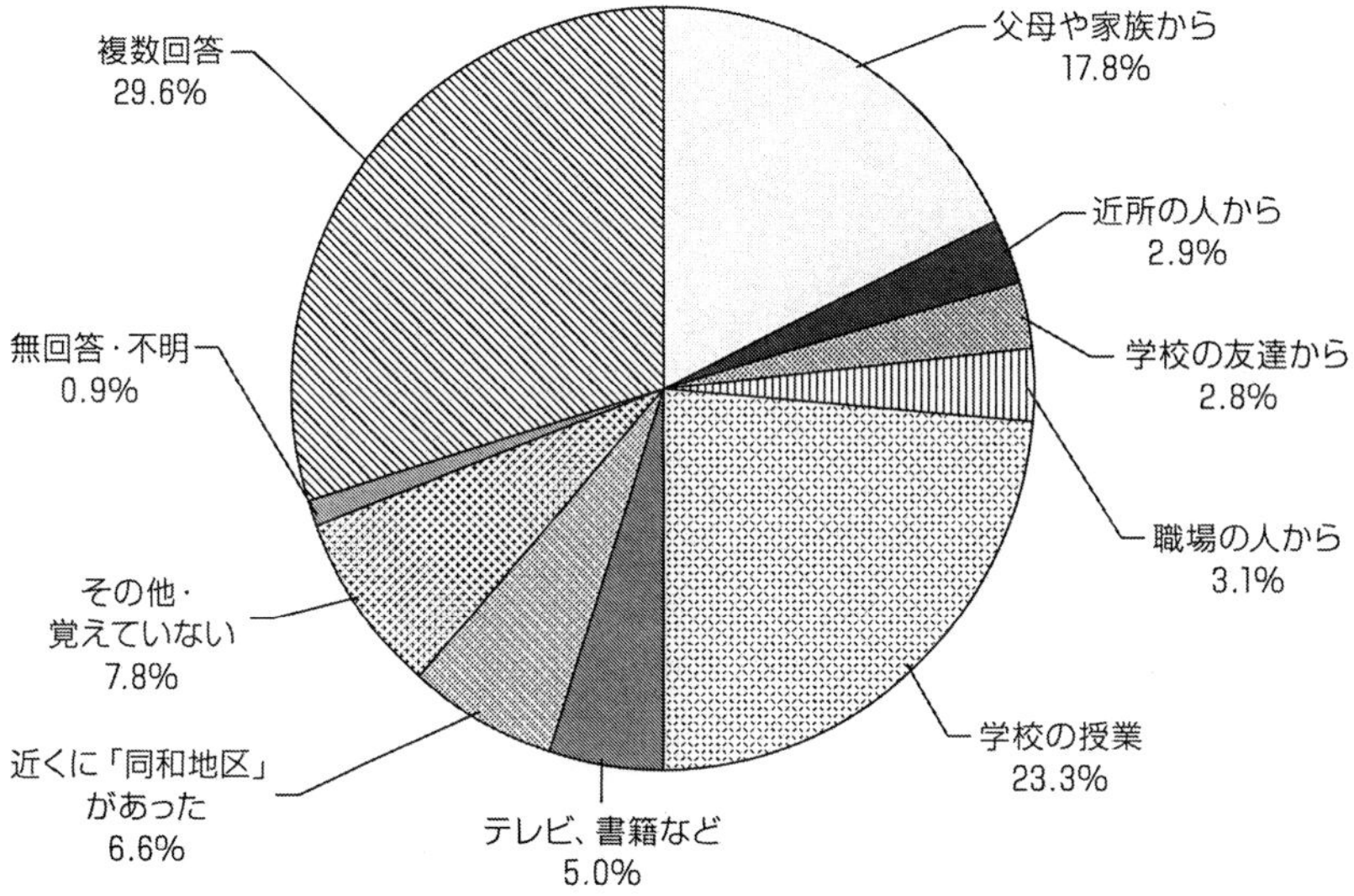

ることを示しています。

しかも現実に部落差別が残されている社会にあって、こうした日常生活において得られる情報の多くは、間違った知識や偏見などマイナスイメージに支配されている場合がめずらしくありません。ですから「寝た子を起こすな論」というこの主張は、学校教育や市民啓発などの「公の取り組み」による「正しい部落問題認識の共有」を止めてしまい、結果として、市民にはびこる間違った情報だけがさらに広がっていくことを助けてしまうことになります。

その意味で「寝た子を起こすな論」

は、差別を温存助長しかねない主張になってしまうのです。

さらに「部落問題を社会的に取り上げるな」というこの考え方の最大の問題は、部落の人びとに「黙って差別に耐える」ことを求め、差別に対する泣き寝入りを強いることになる点です。「差別に対する抗議」や「解放への願い」を広く社会に訴えることは、部落問題を広く市民に知らせることになってしまうからです。こうした考え方が、おうおうにして部落解放運動の否定につながっていくのはそのためです。

「寝た子を起こすな論」はまた、部落の人びとのなかにも根強くあります。このことが部落解放運動の展開を拒み、時には同和行政の推進さえ拒絶することもありました。しかしそれは決して「寝ている」のではなく、厳しい差別の現実を前に、じっと身をひそめようとしている姿であり、差別への強い憤《いきどお》りや不安が、解決への確かな展望を見い出せないなかで、かたちを変えて表現されているといえます。

差別が「そっとしておけば自然になくなるもの」ではないことは、女性差別、障害者差別、ハンセン病問題などでも明らかです。正しい理解や解決に向けた確かな展望をすべての市民が共有し、取り組みを積極的に展開していくことこそが、問題解決への道なのです。

問11

部落は、かたまって住んでいるから差別されるのではないでしょうか。分散すればいいのでは？

「部落に人がかたまって住んでいるから差別されるのだ。だから部落の人びとがあちこちに引っ越しをして分散すればいい。そしてその跡地を公園や駐車場など人の住まないかたちで活用すれば、『部落』と呼ばれる居住地域はなくなり、部落差別は解消するはずだ」という意見があります。これを「部落分散論」と呼んでいます。

大阪府が二〇一〇年に実施した「人権問題に関する府民意識調査」では、「この考え方が同和問題を解決するのに効果的である」とした人は「非常に効果的」と「やや効果的」を合わせて四六・九％に達しています。これに対して「効果的でない」と「あまり効果的でない」と、この意見を否定的にとらえている人の合計は一六・二％にすぎませんでした。部落差別は、「部落」とされてきた土地とのかかわりにおいて引き起こされる差別ですから、この意見には一理あるように受けとめている人がこんなに多く存在しています。

実はこうした意見どおり、「部落の人びとがあちこちに引っ越し」をしています。二〇〇〇年に実施された大阪府の調査によれば、自然増減を無視すれば、一九九〇年からの一〇年間だけで大阪府の同和地区人口の二六％もの住民が転出していることがわかっています。それ以前も含めると、さらに多くなります。しかし部落差別はなくなっていないのです。

この意見の誤りは単に事実に反しているということだけにとどまりません。より罪深いのは、部落の人びとに住み慣れた地域からの引っ越しを強要している点です。思い出深いふるさとから追いやり、友人や隣近所の人間関係を引き裂いてしまうこの提案は、それ自体が重大な人権侵害です。どこに住むのかはその人自身が決めることであり、他者によって決められることではありません。もしあなたがそのような〝強制移住〟を強要された場合を想像すれば、そのひどさは明らかでしょう。

二〇一一年三月の東日本大震災により発生した東京電力福島第一原子力発電所の事

どこに住むのかは、その人自身が決めること

故により、多くの住民がふるさとを追われたことは記憶に新しいところです。その悲しみや無念の思いに心を馳《は》せるとき、「部落分散論」を肯定できないのは明白です。

さらにこの意見の根本的な勘違いは、部落差別の原因を部落の存在や部落の人びとに求めている点です。こうした差別のとらえ方からは、「女性がいるから女性差別がある」「障害者がいるから障害者差別がある」「在日韓国・朝鮮人がいるから在日韓国・朝鮮人差別がある」となります。その結果、これらの差別を解消するためには、女性や障害者、在日韓国・朝鮮人の人びとがいなくなればよいということになってしまうのです。

被差別当事者を地域から排除する（強制移住させる）ことによって問題を「解決しよう」という発想がいかに恐ろしい結果を導いたかは、ナチス・ヒトラーによる「ユダヤ人狩り」を思い起こせば十分です。「ゲットー」から強制収容所へと突き進むこの隔離政策は「ユダヤ人問題の最終的解決」の方策としてとられたのでした。同じ誤りは日本においても引き起こされてきました。それがハンセン病問題における「無らい県運動」です。ハンセン病問題の全面的解決の旗印のもとに、各県が競いあって患者を地域社会からあぶり出し、療養所に終生絶対隔離していった痛恨の政策です。

「ユダヤ人狩り」や「無らい県運動」は、被差別当事者を集めて隔離するのに対して、「部落分散論」はかたまって住んでいる人をバラバラにするという逆の方向を示すものです。しかしそこには、当事者をふるさとから引きはがすことによって問題を解決しようとする共通した発想が貫かれています。

差別の原因は「差別を受ける人びとの存在」にあるのではありません。差別を許している社会の仕組みやそれを支えている差別意識、差別を助長している慣習やこれらに対する取り組みの弱さこそが、差別の現実の原因なのです。なくすべきは「部落に住む人びとの存在」ではなく、部落に住む人びとを差別するような社会の仕組みであり、今なお根強く残っているこれらの人びとへの偏見です。

問12

部落の人たちは、「こわい」とか「がらが悪い」とか聞きますが……。

部落の人は「こわい」とか「がらが悪い」とか言われることがあります。大阪府が二〇〇〇年に実施した府民意識調査では、五八％の府民が「同和地区の人はこわい」という話を聞いたことがあるとしています。こうした話が広く伝えられている現実があることがわかります。しかも話を聞いたとき、「反発・疑問を感じた」とした人は一六％にすぎず、「そのとおりに思った」（一二％）、「そういう見方もあるのかと思った」（六一％）と、実に七割以上の人がその話を肯定的に受けとめていることが明らかとなりました。二〇〇五年の調査でも、二〇一〇年の調査でもこの結果にほぼ変化はありませんでした。約六割の人たちが「同和地区の人はこわい」などのうわさを聞いたことがあると答えたのです。

なぜこんな情報が広く市民の間に広まっているのでしょうか。そしてなぜ、それが受け入れられてしまうのでしょうか。

まず、部落差別にかぎらず、世界中のさまざまな差別において、差別を受けている人たちのことを差別している人たちが「こわい」と形容する場合がきわめて多いことを紹介しておかなければなりません。アメリカの人種差別、ヨーロッパでのユダヤ人差別など、枚挙にいとまがありません。その背景にはいくつかのことがあると指摘されています。しかし根本的な原因は、差別することにかかわる後ろめたさが差別する側にありはしないかということです。差別している人には、自分たちが恨みを買っていることについて潜在的な不安があるのではないかということなのです。このような点についての解明は、まだまだ残された面も多いといわなければなりません。

部落問題に絞り込んでいえば、部落にも部落外にもさまざまな人がいます。部落にも「こわい」とか「がらが悪い」と感じさせやすい人もいるでしょう。しかしそのような人はごく限られていますし、部落外にも同様の人はいます。部落には「やさしい」とか「温かい」と感じさせやすい人がおり、そんな人が部落外にもいるのと同様です。

ところが実際には、部落の人について「こわい」とか「がらが悪い」といったマイナスイメージが世間に広がっているのです。問題はこの点にあります。

そこに部落に対する予断や偏見があります。部落に対する差別的な意識に影響を受けているとき、たとえば部落の子どもが何か悪いことをすると「やっぱり部落の子は……」とか、部落が所在する町名をさして「だから○○町の子は……」と受けとめられることがあります。悪いことをしたのはその子ども個人であるにもかかわらず、まるで部落の子ども全体がそうであるかのように受けとめられてしまうのです。同じことを別の町内の子どもがやったときには、その町内全体の子どもが悪いイメージでとらえられたりはしません。これは嫌悪感を伴う、「過度の一般化」と呼ばれる差別意識の特徴的なあらわれ方の一つです。

「こわい」とか「がらが悪い」といった部落に対する風評の背景にも、こうした差別意識の存在とそのあらわれ方の特徴が反映されています。たとえ、「こわい思いをした」体験からこうしたイメージをもつに至ったとしても、限られた事実で部落全体をイメージづけるのは、やはり差別的だといわなければなりません。

部落問題に関する正しい理解をもたない状況でこうした風評やマイナスイメージに

接したとき、それをなんとなく受け入れてしまうだけではなく、さらにそれを広めたり、部落の人びとに対する態度や行動に影響を及ぼしてしまうということに注意が必要です。結婚差別や就職差別など、多くの差別行為がこうした偏見によって引き起こされており、「風評被害」ではすまない深刻な差別の現実が残されています。

差別が部落の人びとの命さえ奪ってきた事実をふりかえるとき、「部落の人びとはこわい」という話がすんなりと広がってしまう現実こそが「こわい」といえないでしょうか。こう考えてみると、部落の人の側が今の世の中や社会の人びとに対して「こわい」と感じる可能性にも至ります。

これを変えていくとすれば、双方からこのような問題点への認識を深め、差別をなくしていこうとすることこそ、解決の道であることがわかります。お互いに問題状況を変えていこうとする姿勢こそ、求められているのではないでしょうか。

問13

「差別事件」とはどんなことなのですか?

二〇一二年、中国地方のある県で娘の交際相手が部落出身者であることがわかり、別れさせるためにひらかれた親族会議で、父親が「これはおまえたちだけの問題じゃない。まわりのみんなにどれだけ迷惑がかかるのか」と発言し、「別れない」という娘に暴力をふるうという事件が起こりました。

この女性は父親から「在日外国人や部落の人とは、交際、結婚をしてはいけない」と育てられました。しかし、二人の交際が進むなか、男性が被差別部落出身であることが女性の父親にわかってしまいます。

父親は交際に反対し、親族会議をひらいて説得しますが、聞き入れない娘に「もし、おまえが付き合い続けるなら、妹と姪《めい》の前で土下座して、『あなたたちの人生をめちゃめちゃにしてしまうけど、それでもいいから彼と付き合います』と言え」とどなりつけ、暴力をふるい続けました。

身の危険を感じたこの女性は男性との交際をあきらめることを約束させられ、父親は男性宅を訪れて「娘と別れてほしい」と訴えました。男性から相談を受けた部落解放同盟が行政に連絡、父親の啓発などに取り組みました。その結果、この父親はみずからの言動を謝罪・反省し、二人の交際を見守っていくことになりました。

差別はさまざまなかたちをとってあらわれます。この例のように、行為としてあらわれる差別においても、レベルは多様です。部落出身者に対する暴力といったものから、差別扇動《せんどう》や部落出身者を侮辱《ぶじょく》する差別発言、差別落書き、部落出身かどうかを暴く身元調査、さらには、日常生活における排除や忌避なども含まれます。またこうした行為の内容から、結婚差別事件や就職差別事件などと呼ばれることもあります。

差別行為のすべてが、差別事件として問題となるわけではありません。こうした行為に接した人のなかに「それは差別である」と指摘する人がいなければ、その問題点は気づかれぬままに流されたり、当たり前のこととして受け入れられてしまいます。

また、身元調査のように意図的な差別行為は秘密裏におこなわれることが多く、なかなか表面化しません。部落出身者に直接向けられた差別行為も、それを公にすることによってこうむる差別の重圧に耐えられず、その悔しさや悲しみが胸の内にしまいこまれてしまう場合も多くあります。

こうした事情から、差別行為はなかなか社会的に明らかになりにくいものです。そしてこのうち、自治体の人権担当部局や部落解放同盟（コラム⑤参照）などに届けられ、公になったものが、「差別事件」あるいは「差別事象」と呼ばれているものです。「差別事件は差別の現実の氷山の一角である」といわれているのはそのためです。それは、警察で把握している子どもへの虐待や性暴力の件数が、実態のごく一部にすぎないことに似ているでしょう。

差別事件はまた、「部落差別の集中的なあらわれである」ともいわれます。一般的には、差別事件を起こした人が悪いのだとされ、それにかかわった当事者個人の問題であると受け取られがちです。

事件を引き起こした人は部落に対する差別意識をもっていたために事件を引き起こしたのですが、しかしそれは決してその人がもって生まれた意識ではありません。どこかで、なんらかの状況のもとでそうした差別意識が形成されたのであり、それをただす取り組みの弱さが、この意識を放置してきたのです。

このように考えると、一つひとつの差別事件はそれぞれが具体的ですが、そこには部落問題をめぐる過去から現在に至る社会の状況が複雑に反映されていて、部落に対する差別の現実の生々しい断面であるといえます。「部落差別の集中的なあらわれ」とはそのことをさしており、差別事件に対する取り組みが、当事者の個人的な反省に終わるのではなく、その背景の解明にまで進められていく必要があります。

日本社会にある意識や慣習、制度などのさまざまな課題を浮き彫りにし、人権の観点が貫けるような社会の仕組みをつくらないと「差別」は根絶できません。「差別事件」はそのことを気づかせてくれる大事な鏡でもあるのです。

差別行為は、「何気なく」「差別するつもりなど、まったくない」なかでおこなわれることもしばしばあります。しかしだからといって、それによって傷つけられる部落出身者の痛みに変わりはありません。むしろなぜ、「何気なく」「差別するつもりなど、まったくない」にもかかわらず、差別がなされてしまうのかが問題です。差別事件から、多くのものを学んでいきたいものです。

コラム ❻

糾弾

糾弾《きゅうだん》とは、部落の人びとが、みずからの人権を守るために、差別をした人に抗議し、反省を求める行為です。それは、部落の人びとの人間として生きる権利の主張であり、差別の現実と解放への願いを社会に問うものとして、部落解放運動の最も基本的な活動として展開されています。

糾弾は、差別に対する個人的な恨みをはらす行為ではありません。差別をした人の真摯《しんし》な反省を求めるのは当然ですが、取り組みはそこにとどまらず、なぜそのような差別が引き起こされたのかの社会的な背景の解明にまで掘り下げ、ふたたび同じような誤りが繰り返されないための、関係者の課題を具体的に明らかにするものです。したがって糾弾は、組織的におこなわれるものであり、事件当事者だけでなく、関係者の出席も求めて、公開で実施されるのが基本です。こうした糾弾の場を「糾弾会」と呼びますが、これに先立って、事件の事実関係の確認作業が実施され、確認された事実とともに、差別性や事件の背景、課題を分析した「糾弾要綱」が作成されます。

糾弾はまた、最もすぐれた教育の場でもあるといわれます。差別をした側は、部落の人びとの指摘を受けるなかで、みずからの侵《おか》した行為の意味を学び、率直に自己を振り返ることが求められます。部落の側においても、差別の現実を受けとめ、解放への自覚を求められることとなります。

「法」の存否《そんぴ》にかかわらず、部落差別が存在する以上、被差別当事者の糾弾権は当然の権利であり、それはこれまでの判例においても認められています。

問14

部落解放運動は今、どんな課題に取り組んでいるのですか?

部落解放運動の主な取り組みの第一は、糾弾闘争(コラム⑥参照)と呼ばれる、差別事件に対する取り組みです。事件当事者の真摯な反省を求めるだけでなく、事件がなぜ起こったのかという背景を明らかにし、部落問題の解決に必要な課題を示す活動として展開されています。全国水平社の結成以来、糾弾闘争は部落解放運動の中心的活動です。

第二は、部落の人びとをはじめ、社会的困難を抱える人びとの生活を守る取り組みです。二〇〇二年三月で国の同和対策事業は終了しましたが、貧困や福祉課題、不安定就労、進学率や学力といった教育などの問題が解決されたわけではありません。行政施策の提案や福祉事業、社会的企業やコミュニティビジネスの手法など駆使して、部落の人びとをはじめ社会的困難を抱える人びとの相談や支援に取り組んでいます。

第三は、差別意識をなくし、人権意識を広げようとする取り組みです。学校の教職員と力を合わせた同和教育・人権教育の推進や、行政をはじめ企業や宗教界、労働組合や各種市民団体と協力して、活発な教育・啓発活動を進めています。

第四は、人権が尊重された地域社会づくりの実現をめざす「人権のまちづくり」運動の推進です。部落差別によって断ち切られた人間と人間の関係を差別を乗り越える協働の取り組みを通じて新しくつなぎなおす取り組みが人権のまちづくり運動です。人権のまちづくり運動のテーマは子育てや教育、雇用や福祉、環境など実にさまざまです。

第五は日本における人権の法体系整備を実現する取り組みです。差別が社会的に許されない行為であるという規範（差別禁止法）を打ち立て、差別によって人権を侵害された場合には駆け込み相談ができる体制（人権侵害救済法）を整えることです。地方自治体ではすでに障害者差別禁止条例や部落差別調査規制条例が制定されてきています。

第六は、被差別当事者の連帯を求めた取り組みです。差別の苦しさや人権の大切さ

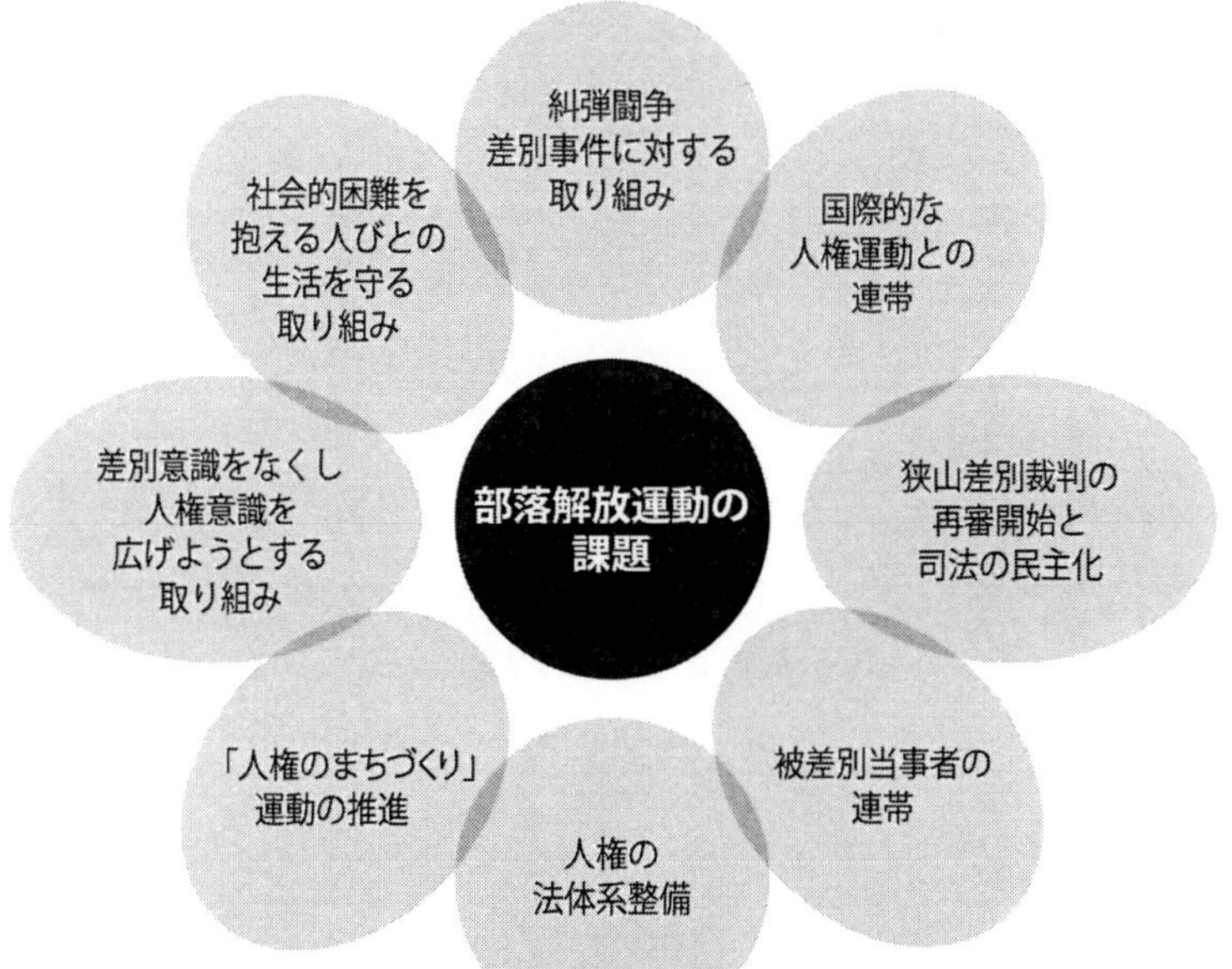
部落解放運動の課題
糾弾闘争 差別事件に対する取り組み
国際的な人権運動との連帯
狭山差別裁判の再審開始と司法の民主化
被差別当事者の連帯
人権の法体系整備
「人権のまちづくり」運動の推進
差別意識をなくし人権意識を広げようとする取り組み
社会的困難を抱える人びとの生活を守る取り組み

を痛感してきた部落解放運動は、在日外国人やアイヌ、障害者やハンセン病回復者、女性など、さまざまな被差別の人びとと連帯し、社会が差別問題の解決に積極的な取り組みを展開することを求めてきました。

第七は、狭山《さやま》差別裁判（コラム⑦参照）の再審開始と司法の民主化を求める取り組みです。再審開始を求める署名運動や東京高裁・東京高検に対する要請行動、要請ハガキ、ふたたびえん罪をつくりださないための取り調べの全面可視化、検察官に証拠開示を義務づける法制度の確立など司法の民主化に取り組んでいます。

第八は、国際的な人権運動との連帯です。一九八八年には「反差別国際運動（IMADR=イマダー）」という国連NGOを結成し、国連の人権委員会を舞台にした活躍をはじめ、インドのアウトカーストの人びとや先住民族の人びとと力を合わせ、世界の人権運動に貢献しています。

部落解放運動は、部落問題の解決と人権社会の確立を目的とする市民運動です。一九二二年、「人の世に熱あれ」「人間に光あれ」と宣言してはじまった運動は、九〇年の時を経て差別と排除のない社会、一人ひとりが尊重される人権の社会づくりをめざす市民運動としての「出番」を期待されています。

コラム⑦ 狭山事件

狭山《さやま》事件は、部落差別を利用したえん罪事件です。一九六三年五月一日、埼玉県狭山市で女子高校生が下校後行方不明になり、脅迫状が届けられるという事件が起きました。警察は身代金受け渡し場所にあらわれた犯人を取り逃がし、女子高校生は三日後に遺体で発見されました。警察は大きな非難を浴び、国会でも取り上げられる大事件となりました。一方で、事件直後から狭山市民のなかに「あんなことをするのは部落出身者だ」という被差別部落の出身者を犯人視する声が広がっていました。捜査にいきづまった警察は見込み捜査で部落の青年・石川一雄さん（当時二四歳）を別件逮捕し、女子高校生殺しの厳しい取り調べを始めました。石川さんは一カ月否認を続けましたが、刑事の「認めても一〇年で出られる」といった「約束」や兄を逮捕するなどといった脅しなどによって、ついに嘘の自白をしてしまいました。石川さんは、女子高校生殺害で起訴され、わずか半年の裁判で死刑判決が出されました。その後、自分がだまされていたことに気づいた石川さんは、二審冒頭で「おれは殺していない」と無実を叫びました。しかし、一九七四年、東京高裁は無期懲役判決をおこない、一九七七年、最高裁の上告棄却により無期判決が確定しました。石川さんは無実を叫び続け、一九九四年、三一年七カ月もの拘《こう》禁《きん》生活のすえ仮出獄。現在、再審請求中です。

狭山事件は疑問だらけです。犯人の残した唯一最大の物証は脅迫状ですが、犯人の筆跡は石川さんと明らかに違います。また脅迫状などあらゆる物証から、石川さんの指紋はまったく出てきていません。小学校も満足にい

今も無実を叫び続けている石川一雄さん・早智子さん夫妻

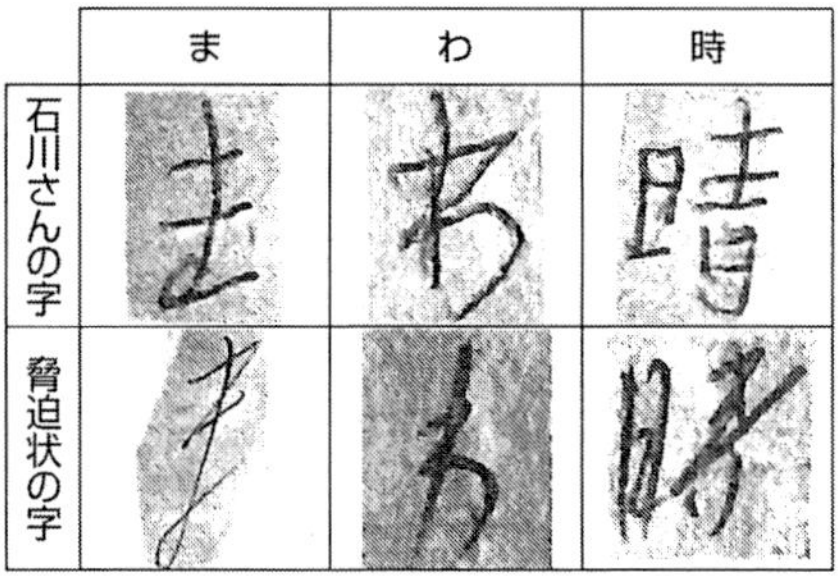

筆跡を比べると明らかに違う

けず、二四歳当時も読み書きが十分にできなかった石川さんに、漢字も多く使われ、誤字もない脅迫状を書けたとは考えられません。有罪の根拠とされてきた「自白」についても、さまざまな矛盾や客観的事実との食い違いが指摘されています。文字を奪われた石川さんの生いたちも部落差別と深くかかわっています。

弁護団は、こうした疑問を指摘する新証拠、専門家の鑑定書を裁判所に提出していますが、再審請求で一度の証人尋問すらおこなわれていません。検察庁は膨大な公判未提出の証拠があるにもかかわらず開示を拒んできました。しかし一〇〇万筆をこえる全国署名の世論に押されて、ようやく一二九点の証拠開示に応じました。しかしまだまだ重要証拠の多くが未開示です。こういう裁判のあり方にも疑問や批判の声があがっています。

部落解放同盟は、石川さんの無実を訴え、公正な裁判、再審開始、無罪判決を求めて支援の運動を進めています。狭山事件の公正な裁判の実現は、石川さんの無実とともに、えん罪を生みだした部落差別をなくし、すべての人権が守られる社会、あらゆるえん罪をなくすための司法の民主的改革をめざすものとして、えん罪犠牲者や文化人、労働組合や市民運動、宗教者といった幅広い人たちがともに運動を進めています。

問15

インターネット上での部落差別を野放しにしていいのでしょうか？

インターネット上のあるサイトでは、同和地区の所在地情報をトップに掲載し、住所を入力すると電話番号や世帯主の氏名がわかるようになっていました。電話帳を電子化して検索できるようにしたソフトと同和地区の所在地情報を悪用したものです。「部落地名総鑑」どころではない、まさに「部落人名総鑑」がインターネット上で誰もが見られる状態にされていたのです。

別のサイトには東京の被差別部落の写真を掲載し、「およそ人の住む場所ではない。やはり部落は本当に実在したんだ」などと露骨な差別キャプションがつけられていました。このほかにもツイッターやブログで「県も公認の差別対象地域です」「この近くに住むと就職や結婚を断られたりする」「この付近の出身とわかると商売での取引も敬遠される」といった説明をつけて同和地区の所在地情報や同和地区を撮影した映像を動画投稿サイトに流すといった行為も続いています。

こうした行為は部落の人びとへの直接的な差別であると同時に、結婚差別や就職差別、土地差別などを引き起こすことにつながる差別扇動でもあり、絶対許すことはできません。

インターネット上の差別発言や差別扇動は部落問題に限ったものではありません。在日コリアンやアイヌ、障害者、ＨＩＶ陽性者やハンセン病回復者、ホームレス、性的マイノリティなど被差別当事者への差別や排除が公然と続けられています。

こうした現実に対して「プロバイダ責任制限法」にもとづき、インターネット上での差別発言や差別扇動記事の削除要請、発信者情報の開示をプロバイダに求めることができます。しかし、当事者が差別発言記事や差別扇動記事の削除要求をおこなっても、何が差別に当たるのかという判断基準が明確でないこと、差別記事を削除した相手から逆にプロバイダが損害賠償請求された場合の責任制限が法律に書かれていないなどから削除することができず、インターネット上の差別記事が放置されているのが現状です。

プロバイダとユーザーとの契約約款《やっかん》（インターネットを利用する際にユーザーがプロバイダとかわす契約書）に具体的な差別事例を明記した「禁止事項」を盛り込む自主規制を広げるとともに、国がこうした民間の自主規制を支援する「共同規制」の取り組みを提案する動きもあります。

またプロバイダが「禁止事項」に違反したユーザーの書き込みを削除したり、サービスの利用を停止した場合、損害賠償責任を負わないことを「プロバイダ責任制限法」に明記することも不可欠です。さらには憲法第一四条を具体化するためにも「差別禁止法」「人権侵害救済法」の整備が不可欠です。

問16

最近、「人権」という言葉をよく聞きますが、部落問題との関係は？

人権とは、「人間であるというだけで認められる権利」をさします。より厳密に述べれば、「人間であるという理由だけで政府が市民に認めなければならない権利」をさしています。ですから、人権とは、政府と市民の間で取り交わされた約束事だというこ とができます。人権の内容は、天から降ってわいたようにあらかじめ決まっているわけではありません。人間同士が話し合って、約束事をまとめ、政府にそれを認めさせて成立したものです。

国連が中心になってつくった人権条約は三〇以上あり、そのほかにもさまざまな国際的な人権関連の文書があります。そこでは、開発・環境・教育・居住の自由・健康・

差別・住宅供給・食糧・貧困・平和・労働などの社会的課題が提起されています。また、移住労働者・高齢者・子どもと若者・障害者・女性・人種・性的指向・先住民・難民・マイノリティなどの集団にかかわる人権の課題が指摘されています。

人権といえば、みんな自由にしていいんだという《自由権》を思い浮かべる人がいますが、それにとどまるわけではありません。

人権という言葉がわかりにくいのは、この言葉が翻訳語だからということもあるでしょう。でも、それだけでなく、この言葉を支える実態が日本に十分に確立していないからだといえます。同じ翻訳語でもたとえば「電話」（telephone）は、具体的なモノが私たちの前にあり、日頃からそれを使っているので、言葉としても定着しています。

人権とは、「人間であるというだけですべての人に法的に認められる権利」であり、法律などのかたちで文書としてまとめられています。法律のなかでも土台となるものであり、民衆が政府に対してこれを守るよう認めさせてきました。信仰している宗教や、信奉する思想・信条が違うからといって、政府がその人を殺したり弾圧したりしてはいけない。市民がもっている財産を政府が勝手に取り上げてはいけない。そのようなことを民衆が政府に認めさせてきたのです。

一般に何かの役職や資格にともなって認められる権利には、権利と同時に義務が課せられます。たとえば、自動車の運転をする権利は、自動車運転免許を取得した人にだけ認められます。そして、自動車運転免許をもっていて自動車を運転する人には、道路交通法などを遵守《じゅんしゅ》する義務があります。

これに対して人権は、「人間である」ということだけを条件に認められる権利で、これらの権利をもつための条件として守るべき義務は原則としてありません。人権にかかわって責任や義務が第一に生じるのは国家であり、政府なのです。これは大切な違いです。

この人権にはさまざまな面があります。

まず、法律という面です。人権は、先にも述べたように民衆が政府に認めさせた約束事、つまり法律です。人権が何よりも法律であるということは、大学など研究・教育機関では、人権についての研究が法学部でおこなわれてきたことにもあらわれています。政府と市民の間の約束だという意味では、憲法も同様の性格をもちます。憲法や人権条約を実体化させ、市民間での侵害についても規定を設けるためには、民法や刑法などの法律が必要になります。このような面を、「実定法上の人権」という場合もあります。

しかし、「人権は法律だ」ということだけで終わるわけではありません。人権にかぎりませんが、法律が制定される背景には、それを支える価値観や思想があります。人権の特徴は政府に認めさせたという点だけではなく、むしろ、「人間であるというだけで保障される」という点にこそ最大の特徴があります。現行法にない問題であっても〝人権〟という概念に依存して訴えることができるのはそのためです。

ではなぜ「人間である」というだけで保障されるべきなのでしょう。この点については、いろいろな意見がありえます。「人間には理性が備わっているから」「良心があるから」「もともと尊厳をもっているから」といった理由があげられてきました。これは論点の一つにすぎませんが、このように、法律としての人権の背景には価値観や思想があります。それをさして、人権思想・人権哲学などと呼びます。法律であることに加えて、人権は第二に思想でもあるのです。

第三に、人権は、特権に反対する運動として展開されてきました。先の思想や哲学という面と深く結びついていますが、社会的に多くの人がかかわる運動として取り組まれてきたということを一つの面としてあげておきましょう。思想や哲学が練りあげられていくのも、多くの場合、運動をとおしてだといえます。

さらに、法律・思想・運動としての人権は、法律に決められた範囲を超えて、社会全般がこの価値観に従うことを求めます。たとえば、障害のある人が社会に参加するためには、理念的なことだけでなく、エレベーターが完備されているとか、車いすでも乗りやすい電車やバスが走っている、といった物理的な条件が必要になります。このように、社会制度や文化全般が人権という価値観にのっとって組み立てられているかどうかを問題にする面が第四にあります。

最後に第五として、個々人の感覚や生き方という面があります。人権が法的に認められた社会では、人権という価値観に見合った「みんなが対等にしているほうが心地よい」という実感をもっているほうが過ごしやすいことでしょう。「自分だけが偉くてほかの人はみんなダメだ」と感じているような人は、のびのびしにくくてもやむをえないといわなければなりません。

このように、人権には、まず法律であるという面があります。それを土台に、思想、運動、社会制度や文化、個人の実感や生き方など、さまざまな面が含まれるのです。

「人権教育のための国連一〇年」では、「人権文化」を築くことが提唱されています。この「人権文化」は、先に述べた第四、第五の意味合いを中心にすべての側面を包みこんでいます。

部落問題とは、人が被差別部落の出身であるという理由だけで「婚姻の自由」や「労働の権利」などを侵害されているという問題です。ですから、人権問題の一つであることは明白です。世界人権宣言も、第二条で「すべて人は、人種、皮膚《ひふ》の色、性、言語、宗教、政治上その他の意見、国民的もしくは社会的出身、財産、門地その他の地位又はこれに類するいかなる事由による差別も受けることなく、この宣言に掲げるすべての権利と自由を享有することができる」と定めています。

考えなければならないのは、部落差別が政府による差別に限らないということです。むしろ市民と市民の間で発生する差別が多くを占めます。人権のもともとの考え方にしたがえば、人権は政府に対して守らせるものですから、市民と市民の間の差別は政府の責任というわけではありませんでした。しかし、政府が市民の人権をきちんと守るためには、市民同士の間で発生する権利の侵害にも立ち入って取り組まなければならないとされるようになってきました。第二次世界大戦後の人権条約においては、市民同士の差別もはっきりと禁止するようになりました。たとえば、人種差別撤廃条約第二条は、「各締約国は、すべての適当な方法により、いかなる個人、集団又は団体による人種差別も禁止し、終了させる」と定めています。

「人間は平等だ」とよくいわれますが、それは、正確にいえば、「人間として同じ権利をもっている」という意味です。人間は一人ひとり異なりますが、異なっていても権利は同じように認められているというわけです。異なる人たちに同じ内容の人権を保障しようとすれば、人により手厚くしたりする必要も発生することがあります。さまざまな条約や法律で定められている特別措置は、そのような考え方にもとづいて実施されているものです。

問17

同和行政と人権行政の関係は？

同和行政とは部落問題の解決を目的とする行政です。では、人権行政はどのように説明することができるでしょうか。たとえば、人権をまもる行政とか、人権侵害をなくす行政ということができるでしょう。しかしどうもあいまいでピンときません。そこで両者の関係を考えるにあたり、まずは人権行政とは何かを考えることにします。

人権行政という言葉に抽象的な感じを受けるのは、「人権」という言葉のイメージが幅広いものであることに由来します。さまざまなイメージをもたれることは間違いではありませんが、何か具体的な取り組みを展開するときには、その広いイメージのままでは困ります。なぜなら「取り組み」は、内容や対象、方法などを限定して初めて可能となるからです。たとえば、「高齢者福祉の増進」の場合を考えると、①高齢者とはどのような人をさすのか、②高齢者福祉の課題を何に設定するのか、③「福祉の増進」とは何をどのようにすることなのか、などを具体的に設定して初めてそれは取り組みとして推進されるのです。

人権行政においてもこの「限定の作業」が求められます。とりわけ、行政という公権力を執行する分野で「人権」を考えるときには、少なくともその理解（定義）が社会の共通認識になっているものでなければなりません。では、社会の共通認識とは何によって表現されるのでしょうか。それは「法」です。「法」は社会の規範であり、社会的合意の表現形式です。つまり、憲法や条約、法律や条例において、これはすべての人に保障されるべき人間の権利であると規定されているもの、それが人権行政における「人権」ということになります。専門用語ではそれを「実定法上の人権」と呼んでいます。

人権行政を考える場合の「人権」は、この「実定法上の人権」でなければ具体的な取り組みにはなっていきません。ですから人権行政とは、すべての人びとに対して、「法」に示された人権を保障することをめざす行政のことだということになるのです。

ところが現実には「法」に定められていても、この人権はすべての人に例外なく保障されているわけではありません。戦争によって生きる権利すら奪われている現実があり、政治的弾圧や搾取《さくしゅ》、肉体的な力関係や特定の価値観などによって自由を制限され、不当な服従や貧困を強いられている状況もまだまだ残されています。差別という社会現象も、こうした人権侵害の大きな理由の一つとして存在しています。

ここで注意してほしいのは、人権と人権侵害の一つの要因としての差別とは、深くかかわってはいるものの、表裏一体のものではないということです。言い換えれば、差別問題の集まりが人権問題の全体を構成しているのではないのです。むしろ両者の関係は、織物でいえば互いに交差している縦糸《たていと》と横糸《よこいと》の関係であるととらえたほうがわかりやすいかもしれません。

図7は縦糸としての人権と、横糸としての差別問題をイメージしてつくったものです。人権という縦糸には、働く権利、教育を受ける権利、言論の自由、参政権などの数々の「法」によって保障された「権利の縦糸」が並んでいると考えてみてください。そこに、差別の横糸が交差しているのです。たとえば部落差別という横糸です。働く権利の縦糸と部落差別という横糸の交点には、①高い失業率、②不安定な就労実態、

図7　差別と人権の交差

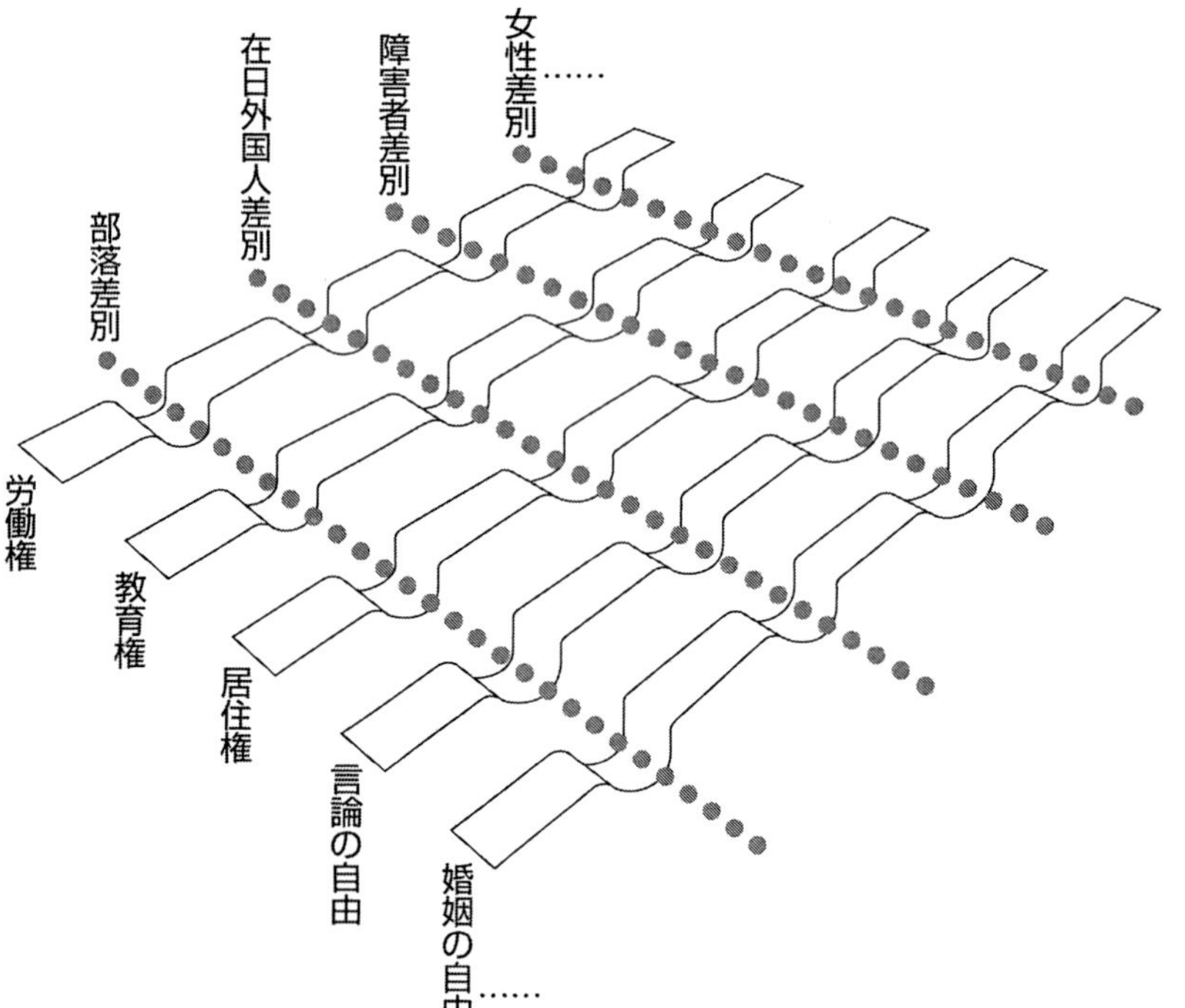

（奥田均作成）

③偏《かたよ》りのある職業構成など、人権侵害の落ち込み（差別の実態）が発生しています。また、教育を受ける権利の縦糸との交点では、①識字問題、②学歴構成、③学力問題などの課題が生じています。これは部落差別の場合だけではありません。障害者差別などほかの差別の問題という横糸との交点においても、こうした人権侵害の落ち込み（差別の実態）が生じてい

るのです。

つまり人権行政とは、「実定法上規定された数だけ張りめぐらされている人権の縦糸が、すべて平らになる状況をめざす行政」ということになります。それは労働行政であったり、教育行政であったり、住環境の整備行政であったりするのです。ところが、実際にはさまざまな差別という横糸との交点において、現実には平らな状況は実現していません。差別解消行政とは、この差別という横糸に焦点を当てて、これが平らになる状況をめざす行政といえるでしょう。同和行政は、こうした差別解消行政の一つであり、部落差別によって落ち込んでいる横糸をぴんと張り、人権の縦糸との交点に生じている落ち込み（差別の実態）を解消することを目的とした行政のことなのです。

人権行政とは、人権の縦糸をぴんと張る取り組みの集合であり、差別解消行政とは、差別という横糸をぴんと張る取り組みの集合なのです。同和行政は、人権行政の推進に貢献する差別解消行政の重要な一環であると受けとめるべきではないでしょうか。

問18

法律が切れた今でも同和地区と呼んでいいのですか？ 同和地区の実態把握をおこなってもいいのですか？

「地対財特法」が期限切れを迎えたからといって、同和地区を同和地区と呼ぶことに支障があるはずはありません。なぜなら「同和地区」という呼称は、そもそも部落差別を受けている地域、つまり被差別部落をさす行政用語として登場したものだからです。ですから、「法律」制定以前の一九六五年に出された「同対審」答申でも使用されている表現です。ただし、どうしても「同和地区」と引き続き呼ぶことが気になる場合には、本来の意味を示している「被差別部落」という呼称を用いればよいでしょう。

また最近では、「旧同和地区」などという表現に出合うこともあります。考えてみれば不思議な造語で、そのまま理解すれば「昔、同和地区であったところ」という意味になります。すなわち、「昔は部落差別を受けていた地域」という意味となり、「今はもう部落差別などない」ということになります。部落問題が完全に解決していると考えているならともかく、そうでないのであればなんとも奇妙な言い回しです。

このことと関連して、「法」が切れたので行政として同和地区のエリア設定ができなくなったという考え方が広がっています。その結果、同和地区の実態把握ができなくなっているというのです。各地の自治体は機会あるごとに、「部落差別が現存するかぎり同和行政を積極的に推進する」との基本姿勢を明らかにしていますが、同和地区の実態を把握せずしてどうして「部落差別の現存」を確認し、課題を設定できるのでしょうか。こうした認識は結果的に同和行政の放棄へとつながる危険なものだといわざるをえません。

このような誤解が生じる原因に、「同和地区」と「同和対策事業対象地域」との混同があります。行政は同和地区を対象とする特別対策事業を実施するにあたり、どこが同和地区であるのかを限定する必要に迫られました。いわゆる「地区指定」と呼ばれる作業です。しかし行政が、「ここは部落差別の対象とされている所ですよ」などと「同和地区」を勝手に決めるわけにいきません。そこで、同和対策事業の対象地域を地元との協議のうえで設定したのです。それが「同和対策事業対象地域」です。短くいえば「対象地域」となりますし、実際に「同和対策事業特別措置法」においても条文で「対象地域」という文言を用いていました。ところが、行政はこれを「同和地区」として読み替え、同和対策事業を執行してきたのです。ですから行政がしてきた「地区指定」とは、正確にいうと「同和対策事業対象地域の指定」であり、「同和地区の指定」ではないのです。

二〇〇二年三月の「地対財特法」の終了によって同和対策事業がなくなったため、こうした同和対策事業対象地域のエリア設定は必要がなくなりました。しかし部落問題解決のためには、被差別の実態を把握することは必須要件であり、そのためにも行政は引き続き同和地区のエリア規定をおこなう必要があります。

では、同和対策事業なきあとにおいて行政は、「同和地区」をどのように設定していけばよいのでしょうか。答えは簡単です。何も急に新しく、線引きをしなおす必要などありません。長い間にわたって地元と協議してきた同和対策事業対象地域というエリアがあるわけですから、今後もこれを引き続き「同和地区」と見なして、従来どおり対応していけばよいのです。それが最も自然なかたちです。ただし「法」が終了したのですから、それは「同和対策事業対象地域」ではなく「旧同和対策事業対象地域」と呼ばれるエリアのこととなります。

「法」の終了で、同和対策事業対象地域の「地区指定」はなくなりましたが、同和地区の範囲を「旧同和対策事業対象地域」としてとらえ、同和行政に必要不可欠な実態把握や取り組みの効果測定が積極的に実施されることが求められています。

問 19

最近は部落のほうが優遇され、逆に部落外のほうが差別されていると思うのですが……。

同和対策事業特別措置法（一九六九年施行）からはじまる三三年間の国の同和対策事業によって、劣悪の一言で語られた被差別部落の住環境や生活実態は大きく様変わりしました。そして二〇〇二年三月には特別措置を支えた法は期限切れを迎えたため、今日では「逆差別」という批判の対象とされるような国の事業は存在していません。

こうした「逆差別」意識は、一九七〇年代前半の、同和対策事業が本格的に実施されていく過程で顕著になってきました。それはちょうど、高度経済成長が終わりを告げ、日本社会全体が低成長時代に入り、市民の生活が苦しくなりはじめた時期でもありました。こうした時代背景が、逆差別的な考え方に影響を与えたものと思われます。

しかし、今日では、人種差別撤廃条約などにも定められているとおり、不合理な差別によってもたらされた不平等・不利益な実態に対して、行政が責任をもって「特別措置」「積極的措置」をおこない実態改善するというのは、差別解消にかかわる国際的な合意事項であり、どこの国においても、どのような差別の撤廃においても、重要な基本方策として実施されなければなりません。

では「なぜ特別措置が必要だったのか」といえば、歴史的な差別の累積により深刻な差別の実態があり、通常の行政施策だけでは改善に相当な年月を要すると判断され、緊急で集中的な特別措置をおこなって短期間で改善をはかる必要があったからです。

ですから「特別措置の性格」とは、第一に、平等の実質化をはかり「平等の原則」に反しないということです。第二に、これは永続的なものではなく所期の目的が達成されたら終わるべきものだということです。それゆえ第三に、「所期の目的」についての明確な目標設定（総合計画）と効果測定（実態調査）がしっかりとおこなわれる必要があるのです。

これらのことを明確にして実施しないと、「特別措置」は「逆差別」的に受けとめられます。また「特別措置」は、「特別措置が差別撤廃のために必要だ」という本来の目的が見失われて、諸事業の推進ということが目的化されたり、期限を定めて実施されるべき「特別措置」が長期化し、事業対象者が措置への依存傾向を強めるといった危険性があります。さらに、特別措置の諸事業が緊急におこなわれるために、基準のあいまいさをかかえやすく、「説明なき前例」とされていく傾向をもちやすくもなります。

残念ながら、このような危険性がこれまでの同和行政においても十分克服されてきたとはいえず、「逆差別」や「ねたみ差別」の問題に有効に対処できませんでした。部落と部落外の市民の溝を深める不幸な状況を考えるとき、大きな責任をもっているのが、特別対策の実施者である行政です。「なぜ同和対策事業を実施するのか」という、行政的な「特別措置」の必要性や性格について、市民の合意や理解を十分に得ることを怠り、逆差別的な考えを克服するための教育・啓発などの対応が決定的に不十分であったことは否めません。

市民にとっては、こうした率直な疑問を話し合う機会さえ提供されていませんでした。また、「市民の生活実態が改善されないのは、同和対策事業をおこなうからである」といった、逆差別意識をあおるデマキャンペーンが選挙のたびに繰り返されてきたことも悪影響を与えました。

このことを教訓に、これからの取り組みにおいては、第一に差別実態を正確に把握し、差別の不当性を社会的に明らかにすること、第二に、差別撤廃は行政責任であることを明確にし、必要な取り組みについての情報公開や説明責任を徹底すること、第三に、差別を撤廃していくため広く部落内外の住民協働の取り組みを展開すること、などが強く求められます。

問 20

部落差別をなくすための法律や条例はあるのですか？

部落差別をなくすための法律や条例はあります。しかし不十分です。

部落問題解決のための法的根拠をあげるとすれば、何よりも日本国憲法がそれにあたるでしょう。部落問題を考えるにあたり、今日改めて憲法の内容を再確認することは大切です。憲法の第一一条（基本的人権の享有）では、「国民は、すべての基本的人権の享有を妨げられない。この憲法が国民に保障する基本的人権は、侵すことのできない永久の権利として、現在及び将来の国民に与へられる」としています。第一三条（個人の尊重と公共の福祉）では、「すべて国民は、個人として尊重される。生命、自由及び幸福追求に対する国民の権利については、公共の福祉に反しない限り、立法その他の国政の上で、最大の尊重を必要とする」と定められています。そして、第一四条（法の下の平等）では「すべて国民は、法の下に平等であつて、人種、信条、性別、社会的身分又は門地により、政治的、経済的又は社会的関係において、差別されない」と明確に述べられています。

さらには、職業選択の自由（第二二条）や婚姻の自由（第二四条）、教育を受ける権利（第二六条）や勤労の権利（第二七条）など諸権利が等しく保障されていることが規定されており、第九七条（基本的人権の本質）では、「この憲法が日本国民に保障する基本的人権は、人類の多年にわたる自由獲得の努力の成果であつて、これらの権利は、過去幾多の試練に堪へ、現在及び将来の国民に対し、侵すことのできない永久の権利として信託されたものである」と明言しています。文言上「日本国民への制限」という限界をもってはいるものの、部落差別という社会的差別は、決して許されないことを憲法は定めています。部落問題の解決に取り組むにあたり、これほどの法的根拠があるでしょうか。

世界共通の法律である条約も、日本がこれを締結した時点において法的効力を発します。二〇一三年五月現在、国連では三二の人権関係条約が採択されていますが、このうち日本は、「国際人権規約」をはじめとする一三の条約を締結しています。とりわけ一九九五年に締結（翌年一月発効）した「人種差別撤廃条約」では、「人種差別」を単に「人種」や「皮膚の色」という狭い意味にとどめず、「世系《せいけい》」「民族的」「種族的」事由にもとづく差別をも含むものとして定義しており、「世系」に日本の部落差別が含まれることは国際的に認知されています。

さらに、二〇〇〇年一一月には、「人権教育及び人権啓発の推進に関する法律」が制定されました。また、地方自治体における法律である条例においても、すでに七四八の自治体が、部落差別をはじめとする差別の撤廃と人権擁護のための条例を制定しています（二〇〇二年八月現在）。

このように、部落差別をなくす法律は明らかに存在しています。にもかかわらず「法律や条例はあるのですか？」という疑問が出てくるのは、二〇〇二年三月に「地域改善対策特定事業に係る国の財政上の特別措置に関する法律」（「地対財特法」）が終了したからだと思われます。確かにこの法律は部落問題の解決に寄与するものでした。しかし、それは地方公共団体がおこなう「地域改善対策事業」と呼ばれた同和対策事業に対する、補助率や地方債の発行などの国の財政上の特例措置を定めたものにすぎま

国連が中心になって作成した人権関係諸条約一覧

2013年5月14日現在

	名　　称	採択年月日	発効年月日	締約国数	日本が締結している条約（年月日）
1	経済的、社会的及び文化的権利に関する国際規約	1966.12.16	1976.01.03	160	○(1979.06.21)
2	経済的、社会的および文化的権利に関する国際規約の選択議定書	2008.12.10	2013.05.05	10	
3	市民的及び政治的権利に関する国際規約	1966.12.16	1976.03.23	167	○(1979.06.21)
4	市民的及び政治的権利に関する国際規約の選択議定書*	1966.12.16	1976.03.23	114	
5	市民的及び政治的権利に関する国際規約の第2選択議定書(死刑廃止)*	1989.12.15	1991.07.11	76	
6	あらゆる形態の人種差別の撤廃に関する国際条約	1965.12.21	1969.01.04	175	○(1995.12.15)
7	アパルトヘイト犯罪の禁止及び処罰に関する国際条約*	1973.11.30	1976.07.18	108	
8	スポーツ分野における反アパルトヘイト国際条約*	1985.12.10	1988.04.03	60	
9	女子に対するあらゆる形態の差別の撤廃に関する条約	1979.12.18	1981.09.03	187	○(1985.06.25)
10	女子に対するあらゆる形態の差別の撤廃に関する条約の選択議定書*	1999.10.06	2000.12.22	104	
11	集団殺害罪の防止及び処罰に関する条約*	1948.12.09	1951.01.12	142	
12	戦争犯罪及び人道に対する罪に対する時効不適用に関する条約*	1968.11.26	1970.11.11	54	
13	奴隷改正条約**				
	(1) 1926年の奴隷条約*	1926.09.25	1927.03.09	***	
	(1) 1926年の奴隷条約を改正する議定書*	1953.10.23	1953.12.07	61	
	(2) 1926年の奴隷条約の改正条約**	1953.12.07	1955.07.07	99	
14	奴隷制度、奴隷取引並びに奴隷制度に類似する制度及び慣行の廃止に関する補足条約*	1956.09.07	1957.04.30	123	
15	人身売買及び他人の売春からの搾取の禁止に関する条約	1949.12.02	1951.07.25	82	○(1958.05.01)
16	難民の地位に関する条約	1951.07.28	1954.04.22	145	○(1981.10.03)
17	難民の地位に関する議定書	1967.01.31	1967.10.04	146	○(1982.01.01)
18	無国籍の削減に関する条約*	1961.08.30	1975.12.13	51	
19	無国籍者の地位に関する条約*	1954.09.28	1960.06.06	77	
20	既婚婦人の国籍に関する条約*	1957.01.19	1958.08.11	74	
21	婦人の参政権に関する条約	1953.03.31	1954.07.07	122	○(1955.07.13)
22	婚姻の同意、最低年齢及び登録に関する条約*	1962.11.07	1964.12.09	55	
23	拷問及びその他の残虐な、非人道的な又は品位を傷つける取扱い又は刑罰に関する条約	1984.12.10	1987.06.26	153	○(1999.06.29)
24	拷問及びその他の残虐な、非人道的な又は品位を傷つける取扱い又は刑罰に関する選択議定書*	2002.12.18	2006.06.22	68	
25	児童の権利に関する条約	1989.11.20	1990.09.02	193	○(1994.04.22)
26	武力紛争における児童の関与に関する児童の権利に関する条約の選択議定書	2000.05.25	2002.02.12	151	○(2004.08.02)
27	児童売買、児童買春および児童ポルノに関する児童の権利に関する条約の選択議定書	2000.05.25	2002.01.18	163	○(2005.01.24)
28	通報手続に関する児童の権利に関する条約の選択議定書	2011.12.19		4	
29	全ての移住労働者及びその家族の権利保護に関する条約*	1990.12.18	2003.07.01	46	
30	障害者権利条約*	2006.12.13	2008.05.03	130	
31	障害者権利条約選択議定書*	2006.12.13	2008.05.03	76	
32	強制失踪からのすべての者の保護に関する国際条約	2006.12.20	2010.12.23	37	○(2009.07.23)

* 仮称
** 「1926年の奴隷条約を改正する議定書」により改正された「1926年の奴隷条約」が「1926年の奴隷条約の改正条約」である。締約国となる方法には、(1)改正条約の締結と、(2)奴隷条約の締結及び改正議定書の受諾との二つがある。
*** 国連ホームページ上に締約国数の記載のないもの。

（出典：一般財団法人 アジア・太平洋人権情報センター　http://www.hurights.or.jp/archives/treaty/un-treaty.html）

せん。わずか五カ条からなるこの法律には、そもそも差別の解消や人権の尊重という目的は記されていないのです。ですから、この法律が部落問題を解決するための法的根拠であり、この法律が終了したから法的根拠がなくなったというのは大きな誤解であるといわざるをえません。

問題は、こうした憲法や国際条約を具体化し、同時に自治体の条例を担保するための、具体的な取り組みを定めた「法律」が未整備なことです。とりわけ従来の事業法ではとどかなかった次の三つの分野にかかわる法律の制定が強く求められます。

第一は、人権侵害の救済や人権政策の提言機能をもった「人権委員会」を国際基準に合った内容で、政府からの独立した機関として設置するための法律です。第二は、差別は社会的に許されないものであるとの社会規範となる「差別禁止法」を制定することです。第三は、総合的な人権行政を推進するための機構として「人権省（庁）」を創設するための法律です。

法律とは、施策展開における予算や人的確保に力を発揮するだけでなく、市民に対する大きな啓発効果をもちます。このことを考えるとき、部落問題をはじめとする差別撤廃・人権擁護の法的整備は急がれます。

問21

同和教育と人権教育の関係は？

同和教育とは、「部落差別を中心にあらゆる差別をなくそうとする教育」をさします。人権教育との関係を考えるためにも、ここではまず同和教育の歴史を見ておくことにします。

一九四二年、政府は『国民同和への道』というパンフレットを出し、「戦争をしているときに国内で差別しあっている場合ではない。天皇のもとに仲良くして、力を合わせて戦争に立ち上がろう」と呼びかけました。この考え方に応じた教育の名称として政府が「同和教育」という言葉を使うようになりました。

第二次大戦後、部落差別をなくそうと教育実践が各地で始められました。民主教育

（岡山県）、責善《せきぜん》教育（和歌山県）など、地域によって呼び方はさまざまでした。しかし一九五二年に文部省が「同和教育について」という通達を出し、一九五三年に全国同和教育研究協議会（全同教。現・全国人権教育研究協議会）が結成されて、しだいに同和教育という呼び方が広く使われるようになりました。同和教育という呼び名には、その経過を踏まえての批判もありました。けれども、全国同和教育研究協議会が「差別の現実から深く学び、生活を高め、未来を保障する教育を確立しよう」という考え方を確立し、この原則にたった実践を展開するにしたがって、しだいに人権と民主主義に貫かれた概念として「同和教育」が広く承認されるようになっていきました。

同和教育が具体的に課題としてきたのは、結婚差別や就職差別と出合ってもそれを乗り越えていける力をもった子どもを育てることですが、それにとどまるわけではありません。そのためにも子どもたちが学校に行ける条件を保障し、学校のなかで仲間づくりを進め、部落の子どもをはじめすべての子どもたちに確かな学力と豊かな進路を保障することが必要でした。

教職員は、家庭訪問を繰り返して親との信頼関係をはぐくむとともに、子どもたち同士で生活をつづったり、語り合ったりできることをめざしました。子どもたちは、さまざまな深刻な悩みが部落の人にはより重くのしかかっていること、部落の人たちはそれを乗り越えるために仲間で力を合わせてきたこと、そのなかで地区内外で魅力的な人がたくさん活躍していることを学ぶようになりました。ここから、「部落の人はかわいそう」というのではなく、部落の人から学び、自分の人生を切り開こうとする同和教育が生まれていきました。部落問題への取り組みから始まった同和教育は、しだいに在日朝鮮人教育や障害児教育にも取り組むようになっていきました。

一九七〇年代になって、ようやく部落問題が社会科の教科書に載り、これ以後、西日本を中心に多くの学校で部落問題が学習されるようになりました。しかし年代差や地域差、さらには自治体や学校の姿勢によって、「同和教育を経験したことがない」という人もいます。また取り組まれてきた学校でも、教科書に載っているからとか、副読本を使わなければならないからという理由だけで取り組み、映画を見たり、読み物を読んで、感想を書かせるだけというおざなりな内容や方法で同和教育が進められるところが少なからずありました。その結果、学ぶ人たちの間に「差別はいけないということぐらいわかっているのに、なぜ同じことを繰り返すのか」との不満を残し、同和教育に悪い印象を抱いている人もいます。

全国人権・同和教育研究大会（2010年、佐賀県。全国人権教育研究協議会提供）

その後、すべての学校で取り組みやすいようにと、学習のスタイルが発展していきました。たとえば、被差別部落に直接出かけて、そこで働いている姿にふれる。部落解放運動に立ち上がってきたおとなやお年寄りから生い立ちや闘いを聞き取る。子どもたちの感想や考えを発展させるための話し合いの方法を編み出す。自分のもっている偏見に気づいたり、被差別の悔しさを疑似体験したりする方法論を創造する。いずれの方法も、学習者が自分に引きつけながら部落問題を感じ、考えることをめざしています。

以上のことからわかるとおり、同和教育とは、部落差別を中心にあらゆる差別のない社会をめざして、すべての子どもの学習権保障を追求し、仲間づくりを進め、学力や進路の保障をめざして取り組まれている、幅広い教育活動であるということができます。

一方、人権教育とは、「知識の共有、技術の伝達、及び態度の形成を通じ、人権という普遍的文化を構築するために行う」ものとされています（国連「人権教育のための世界計画」行動計画）。文部科学省による「人権教育の指導方法等の在り方について［第三次とりまとめ］」（二〇〇八年）では、国連の規定を引用したうえで、「人権教育は、教育を受けること自体が基本的人権であるという大原則のうえに成り立つものであることも再認識しておきたい」と述べています。

人権教育の内容はまだ十全に展開されているとはいえません。一方、部落差別をなくすためには、幅広い人権全体の実現を図らなければならないことは明らかです。その意味では、同和教育の推進にあたって、広く人権を取り込んでいくことは不可欠です。同時に、同和教育の取り組みを手がかりとしながら、今後いっそう幅広く展開されることが期待されています。文部科学省は人権教育という言葉とともに同和教育という言葉を使っています。お互いの特徴を学びつつ、日本の教育が発展し、すべての子どもの人権保障が達成されることが課題だというべきでしょう。

コラム⑧ 識字学級

第二次世界大戦の前も、戦争が終わってからも、貧しさや学校に対する不信から、部落のなかには小学校や中学校に行けない人たちがいました。とくに、女性にはそのような人が多くいました。「女性に学問はいらない」という女性差別の考え方もそのことを助長しました。子どもたちは、学校に行かず、家の仕事を手伝ったり、子《こ》守奉公《もりぼうこう》に出たりしていました。そのため、部落のなかには、読み書きを学びたいという人がたくさんいました。

一九五〇年代から各地の被差別部落で読み書きを学ぶ活動はおこなわれていました。それが識字《しきじ》学級です。この取り組みを一気に広げる原点となったのは、福岡県の筑豊《ちくほう》における識字運動でした。取り組みがさまざまな研究集会で報告され、それに感銘を受けた人たちが各地で識字学級を始めました。一九七〇年代には大阪・京都・高知・広島などで広く識字学級が開かれるようになりました。各地の識字学習者による交流会が開かれ、お互いを励まし合いながら識字運動が広がっていきました。一九九〇年は、国連が定めた国際識字年でした。これをきっかけに識字運動はさらに盛り上がりました。今度は、部落の識字運動だけでなく、中学校の夜間学級や日本に来た人たちの日本語教室、公民館などでの識字・日本語教室を含めたネットワークが広がっていきました。

二〇〇三年から二〇一二年は「国連識字の一〇年」でした。国際的には、外国人が居住国の言語を学ぶこともリテラシー（識字）という概念のなかに位置づけられています。日本でいえば外国人による日本語学習です。また、義務教育を終えていなかった人たちに対して社会教育の場で義務教育に相当する教育機会を提供して修了者に卒業資格を付与するエキバレンシープログラムも広がっています。さらに、リテラシーという概念のもと、若い人たちが文字の読み書きだけではなく、変化の激しい現代社会をのりきるために、職業的能力に加え、問題解決力や批判的思考力、情報リテラシーや社会参加力などを身につけることもリテラシーの一環として語られるようになっています。

ＯＥＣＤ（経済協力開発機構）は二〇一一年にＰＩＡＡＣ《ピアック》（成人力診断国際プログラム）という調査をおこない、読み書き能力をはじめとして現代社会を生きるに不可欠な力を世界各国の成人がどれほどもっているかを確かめようとしています。この調査への参加国は二七カ国にのぼり、日本も含まれています。二〇一三年一〇月にはその報告書が発刊されました。

日本では一九五五年以後、大人の読み書き能力に関する全国規模の調査はおこなわれてきませんでした。このＰＩＡＡＣ調査の結果を活用すれば、現在の日本の課題が明確になるはずです。

二一世紀を迎えて識字運動は、世界的な広がりを意識しながら、国内で市民の力によって幅広い日本語教室や基礎教育運動とネットワークを築いていき、政府や自治体による確かな政策確立を求めて展開されるようになっています。とりわけ識字を推進する法律の制定が求められています。なかでも、識字学級や日本語教室での学習を促進する法律の制定が重要な課題とされています。

問22

企業がなぜ部落問題に取り組む必要があるのですか？

現在多くの企業は、社内研修や研究集会への参加など、部落問題や人権の課題に取り組んでいます。部落差別などしていては、有意な人材を得られなくなり、社会的な信用も失います。だから、企業にとって部落問題に取り組む理由は明らかなはずです。ところが、日本の企業が部落問題に取り組むようになったのは、一九八〇年ごろからなのです。

では、取り組むようになったきっかけは何だったのでしょうか。残念なことですが、就職差別などの差別事件が発覚し、部落解放運動からの問題提起や行政指導を受けて、ようやく重い腰をあげたというのが実情です。

その典型が、一九七五年に発覚した「部落地名総鑑」差別事件です。「部落地名総鑑」というのは、全国の部落の所在地などを一覧にした差別図書の総称で、これを興信所・探偵社が作成し、企業などが購入していました。現在、一〇種類（二〇一三年四月現在）が明らかになっています。購入動機は、採用時に提出を求める応募用紙の書式改善や戸籍の公開制限などで、部落出身者かどうかを調べることが困難になり、それを簡単に調査できる図書があれば便利だということにありました。この事件は、部落出身者を排除するという企業の差別体質がいかに根強いものであったかを示しています。

こうした就職差別が、部落出身者に低賃金で不安定な就労を強いるとともに、その結果としての生活の低位性が子どもの教育を受ける権利を奪い、進路の選択をせばめるという「差別と全般的不利益の悪循環」（コラム②参照）を生み、何世代にもわたって累積された差別の実態をつくってきたのです。内閣の同和対策審議会答申（一九六五年）が、「同和地区住民に就職と教育の機会均等を完全に保障し……生活の安定と地位の向上をはかることが、同和問題解決の中心的課題である」と明記したのはそのためです。企業には、明治維新以後に部落差別を再生産してきた責任と、同時にそれを解決する重要な役割があるといわねばなりません。

「部落地名総鑑」（部落解放同盟大阪府連合会提供）

「部落地名総鑑」事件を契機にして、企業の取り組みが本格的に始まり、大阪や東京など全国各地に部落問題に取り組む企業連絡会が組織されました。また、厚生労働省（当時は労働省）は、一九七七年度から従業員規模一〇〇人以上のすべての事業所に「企業内同和問題研修推進員」（現在の「公正採用選考人権啓発推進員」）を設置することを義務づけ、取り組みの強化を指導しています。

企業における取り組みの始まりは、差別事件を起こした贖罪《しょくざい》意識といった消極的な発想から今日では、あらゆる人権問題の解決に取り組み、地域社会の発展や社会の進歩に貢献するという段階へと発展しています。たとえば、セクシュアル・ハラスメント防止に象徴されるように、社員一人ひとりが安心して働ける職場環境をつくってこそ、勤労意欲が高まり、生産性もあがる、そのために社員の人権を尊重する必要があります。また、高齢社会を迎えて、バリアフリーなまちづくりやものづくりが高齢者や障害者の人権を保障するために必要になっていますが、それが新たな消費需要をつくっています。さらに、グローバリゼーションの時代に入り、ISO26000（社会的責任に関する国際規格）や国連「ビジネスと人権に関する指導原則」など国際的な人権基準を守り、異文化理解や多様性を尊重してこそ企業の競争力をつけられることが理解されるようになってきました。

コラム⑨

「同和」をかたる悪徳商法

部落問題解決への協力を名目に、政府や自治体の実態調査報告書や「解放新聞」のコピーなどを集めたものを「同和問題資料」として高額な値段で売りつける、といったエセ同和行為は、「部落問題はわずらわしい」「部落はこわい」などの誤った差別意識を利用した悪質な差別行為です。

二〇〇九年に法務省が実施したエセ同和行為の実態調査でも回答のあった三〇〇一事業所のうち、同和を名乗る者、または団体から違法・不当な要求を受けたと回答した事業所は四八二事業所、要求総件数は八四九件にのぼっています。要求に応じた事業所は五九事業所で、応諾率は一二・三%となっています。最も多いのは「機関紙・図書等物品購入の強要」で、「執ように電話をかけてくる」という手口が回答の半数以上を占めています（法務省ホームページ http://www.moj.go.jp/JINKEN/jinken86.html）。

こうしたエセ同和行為は、部落に対する偏見や差別意識が今なお根強く残るなかで、部落解放運動の成果をゆがめるばかりか、陰湿なかたちで差別意識を再生産することにつながります。

不当な要求は、毅然《きぜん》とした態度で断固拒否することです。決して窓口担当者任せにせず、会社全体として対応することが重要です。不当な要求を受けたときは、すぐに警察（暴力追放運動推進センター）や法務局に相談しましょう。エセ同和行為の根絶には、何よりも部落問題・差別問題への正しい理解を深めるために、同和教育・人権教育や啓発活動を進めていくことが重要なのです。

問23

宗教は部落問題と関係があるのでしょうか？

どの宗教も本来は、「人間の幸福」や「人間の平等」を説いています。しかし現実の宗教活動はそうではなく、部落に対する差別がおこなわれてきた事実が次つぎと明らかになってきました。

その端的な例が、全日本仏教会理事長をつとめていた曹洞宗《そうとうしゅう》宗務総長による、「日本に部落差別はない。部落解放を理由に何か騒いでいる者がいる。政府も自治体も誰も差別はしていない」という発言です。これは、一九七九年にアメリカのプリンストンで開かれた第三回世界宗教者平和会議で、会議の報告書から部落問題を取り下げることを求めた意見でした。

この発言は、部落問題の存在はもとより、差別解消に真剣に取り組んでいる人びとの努力さえも否定する許しがたいものでした。しかも、日本代表として参加していた多くの宗教者は、この発言を黙認したのです。部落解放同盟は、これを発言者個人だけの問題とせず、曹洞宗や日本仏教会、さらにはこの会議に参加した教団全体の問題として、その差別的体質を追及しました。

この問題への取り組みが進行していくなかで、今度は、差別戒名《かいみょう》の存在が明らかになりました。これは部落の人びとに、蓄《ちく》（畜生の意）・賤《せん》（いやしい）・卑《ひ》（いやしい）・革《かく》（革をあつかう）・卜《ぼく》（下僕）・旃陀羅《せんだら》（インドの被差別民の読み）などの一般には使われない文字を戒名に用いて、死後の世界まで差別し続けるというひどいものでした。こうした差別戒名は、墓石に刻まれていただけでなく、過去帳や位牌《いはい》にまで記されており、その事実は、天台宗、真言宗、浄土宗、浄土真宗本願寺派、浄土真宗大谷派、臨済宗《りんざいしゅう》、曹洞宗、黄檗宗《おうばくしゅう》、日蓮宗におよんでいることがわかってきました。

これらは単に、差別戒名をつけた個々の僧侶《そうりょ》における意識の問題ではありません。すでに江戸時代初期に差別戒名をどのようにつけるのかという本があいついで刊行され、差別を助長する指導がおこなわれてきたという大きな背景があります。これら

「同宗連」第30回総会（2011年。解放新聞社提供）

の指南書は、宗派の創始者の書物とともに教本となっており、明治以降も、その差別性は顧みられることがなかったのです。

また差別は、宗派の組織体制にもおよんでいました。江戸時代には、部落の寺院は「穢寺《えじ》」とされていました。教義のうえでも、差別は前世の因果《いんが》であり、ただただ忍従《にんじゅう》して暮らせという「業《ごう》」の思想を教え、差別を受ける責任を個人に負わせてきたのです。

戦後も、既成・新宗教の教団を問わず、部落出身者かどうか、また死因は何かなどの身元調査に協力するなど、差別に加担する姿勢を続けてきました。

こうした一連の事実が厳しく問われるなかで、仏教界のみならず宗教界全体がようやく本格的に部落問題の解決に取り組みはじめたのです。一九八一年には、「『同和問題』にとりくむ宗教教団連帯会議」（同宗連）が結成され、現在では、六四加盟教団・三協賛団体が参加して、差別をなくす活動が展開されています。

もっとくわしく学びたい人に

部落解放・人権研究所編『部落問題・人権事典』
秋定嘉和・桂正孝・村越末男監修／解放出版社編『新修 部落問題事典』

＊

寺木伸明・野口道彦編『部落問題論への招待』
中野陸夫・池田寛・中尾健次・森実『同和教育への招待』
林力『人権百話』
奥田均・村井茂編著『同和行政がきちんとわかるQ＆A』
森実『知っていますか？ 同和教育一問一答 第2版』
部落解放同盟中央本部狭山闘争本部編『知っていますか？ 狭山事件一問一答 第2版』
部落解放・人権政策確立要求中央実行委員会編『全国のあいつぐ差別事件 各年度版』
浦本誉至史『連続大量差別はがき事件 被害者としての誇りをかけた闘い』
部落解放同盟中央本部編『終わってはいない「部落地名総鑑」事件』
友永健三『いま、改めて「部落地名総鑑」差別事件を問う』
大阪同和問題企業連絡会編『証言―企業のなかから』
北口末広・大阪企業人権協議会編著『必携 エセ同和行為にどう対応するか』
部落解放・人権研究所企業部会編／菅原絵美著『人権ＣＳＲガイドライン―企業経営に人権を組み込むとは』
奥田均『土地差別―部落問題を考える』
奥田均『見なされる差別』
奥田均『差別のカラクリ』
宮津裕子『沈黙せず―手記・結婚差別』
奥田均『結婚差別―データで読む現実と課題』
角岡伸彦『被差別部落の青春』講談社

解放出版社編『インタビュー「部落出身」―12人の今、そしてこれから』
松下一世『18人の若者たちが語る部落のアイデンティティ』
「教科書無償」編集委員会編『教科書無償』
佐川光晴『牛を屠る』
森達也『放送禁止歌』
藤田正『竹田の子守唄』
高木寛『知っていますか？ インターネットと人権一問一答 第2版』
佐藤文明『知っていますか？ 戸籍と差別一問一答』

＊

上杉聰『これでわかった！ 部落の歴史―私のダイガク講座』
上杉聰『これでなっとく！ 部落の歴史―続・私のダイガク講座』
稲垣有一・寺木伸明・中尾健次『部落史をどう教えるか 第2版』
外川正明『部落史に学ぶ』
外川正明『部落史に学ぶ 2』
藤沢靖介『部落・差別の歴史―職能・分業、社会的位置、歴史的性格』
上杉聰・寺木伸明・中尾健次『部落史を読みなおす』
中尾健次『新・カムイ伝のすゝめ』
大阪人権博物館編『ビジュアル部落史』
部落解放・人権研究所編『部落解放運動の歩み100項―ビジュアルブック』
水平社博物館編『新版 水平社の源流』
沖浦和光・宮田登『ケガレ―差別思想の深層』

（出版社名を記してない本は解放出版社発行もしくは発売元・解放出版社）

編著者

奥田 均（おくだ ひとし）
近畿大学・人権問題研究所教授。博士（社会学）。部落解放・人権研究所代表理事。
著書 『土地差別―部落問題を考える』『みなされる差別―なぜ、部落を避けるのか』『同和行政がきちんとわかるＱ＆Ａ』（共著）『差別のカラクリ』『「人権の世間」をつくる』（いずれも解放出版社発行）など多数。

中尾 健次（なかお けんじ） 元・大阪教育大学教授。2012年逝去。
森 実（もり みのる） 大阪教育大学教授
谷川 雅彦（たにがわ まさひこ） 部落解放・人権研究所所長

知っていますか？ 部落問題 一問一答 第3版

2013年11月15日 第３版第１刷発行
2024年９月１日 第３版第６刷発行

編著者 奥田 均
発 行 株式会社 解放出版社
大阪市港区波除4-1-37 HRCビル３Ｆ
電話06(6581)8542 FAX06(6581)8552
東京事務所／文京区本郷1-28-36
鳳明ビル102Ａ
電話03(5213)4771 FAX03(5213)4777
振替00900-4-75417
ホームページ https://www.kaihou-s.com
装幀 森本良成
本文イラスト 伊東直子
本文レイアウト 伊原秀夫

定価はカバーに表示しております

ISBN978-4-7592-8279-5 NDC360 126Ｐ 21cm
印刷 デジタルオンデマンド出版センター